Marie Carré

ES 1025

ou *Les Mémoires d'un Anti-Apôtre*

Prologue

Comment commencer un livre quand on n'est pas écrivain, ou plutôt comment expliquer qu'on croit de son devoir de faire éditer des Mémoires... des Mémoires assez terribles (et justement parce qu'ils sont... si affreusement inquiétants ?...)

Alors, disons que ces premières pages sont un appel aux catholiques de ce temps sous forme d'avant-propos ou peut être faudrait il dire de confession. Oui, « confession » en ce qui me concerne, pauvre « petit moi », paraît le mot juste, bien que ce soit un de ces mots que plus personne, en ce temps, ne désire employer. Enfin, quand je dis « plus personne », je veux seulement désigner ceux qui croient faire preuve d'intelligence en se mettant au goût du jour, et même au goût d'après demain.

Quand à moi, je ne trouve qu'un mot archi-banal pour expliquer ma propre position, je dirai que ce goût du jour, que ce goût du soi-disant sens de l'histoire, n'est que « de cendres » pour moi.

Mais, Seigneur, vous savez bien que je crois fermement que Vous êtes le plus fort. Est-il nécessaire de le préciser ? Oui… en ce jourd'hui… oui… je crois que c'est indispensable, car les gens mettent leur confiance maintenant en la puissance de l'homme… une puissance qui lance des fusées, mais qui laisse aussi mourir de faim… une puissance qui fait travailler la machine, mais qui en est aussi l'esclave écrabouillé… une puissance qui prétend n'avoir plus besoin de Dieu, mais qui sait aussi tricher en discutant de la création du monde.

Il faut que je me taise, que je me calme. Tout ce qui précède est seulement destiné, par pudeur, à retarder le moment où je devrai me présenter au lecteur.

Voilà, je ne suis qu'une petite infirmière, qui a cependant déjà vu mourir beaucoup de gens et qui continue de croire en la Miséricorde de Dieu, et qui expérimenta souvent combien la Volonté de l'Invisible sait souffler au bon moment.

Je ne suis qu'une infirmière et j'ai vu, dans un pays que je ne nommerai pas, dans un hôpital qui doit rester anonyme, j'ai vu mourir, des suites d'un accident d'automobile, un homme sans nom, sans nationalité, je veux dire : sans papiers.

Cependant, il avait, dans son cartable, des documents que je fus bien obligée d'examiner. L'un d'eux commençait par ces mots :

« Je suis l'homme sans nom, l'homme sans famille, sans patrie et sans héritage... »

Apparemment ce texte, d'une centaine de pages dactylographiées, ne pouvait fournir aucun élément permettant d'identifier le blessé. Mais sait-on jamais ? Et, puis, soyons honnête, puisque j'ai parlé de confession, soyons donc tout à fait franche : j'eus envie de lire ces notes intimes et je cédai relativement vite à cette tentation.

Je ne pouvais pas me douter, en laissant ma curiosité féminine étouffer mes scrupules d'infirmière, non je ne pouvais pas me douter que j'allais tomber sur un document vécu qui me bouleverserait et m'accablerait. Car ce texte était trop grave pour être simplement jeté au feu ; il était trop « actuel » pour être mis entre n'importe quelles mains ; il paraissait trop véridique pour que moi, moi surtout, moi, l'ancienne protestante convertie à la Sainte Église catholique et immortelle, à la Sainte Église où il n'était demandé que d'essayer pratiquer une petite (ou grande) mais surtout persévérante sainteté, moi enfin, je ne fasse pas passer la défense de mon Église Sainte avant toute autre considération. Oh ! je sais bien que Dieu n'a pas besoin d'être défendu, n'a pas besoin de moi, mais je sais aussi qu'Il pouvait autrefois me laisser dans l'erreur, dans la tristesse des questions sans réponse, dans l'atmosphère de souveraine outrecuidance qui maintient, par exemple, depuis quatre siècles, les catholiques d'Irlande dans des ghettos dont les lois (prétendues légitimes et sacrées) font office de barbelés. Non pas que je sois Irlandaise, ne cherchez pas qui je suis, vous ne trouverez jamais. Mais les Irlandais, sans le savoir, m'ont aidée à faire preuve d'un peu de courage. Et qu'au moins, ce tout petit témoignage atténue ce que des âmes de haute sagesse et de haut grade oublient d'accomplir.

Mais mon blessé n'était pas Irlandais non plus, il paraissait plus ou moins slave. Quelle importance, du reste, puisqu'il ne pouvait plus parler !

J'essayai pourtant d'obtenir de lui quelques renseignements, en lui demandant de fermer les paupières chaque fois qu'il voudrait me répondre par l'affirmative. À ce moment-là, je n'avais pas encore lu le document qu'il transportait avec lui ; et, du reste, il ne voulut pas répondre à mes questions, ou n'en eut pas la force… comment le saurai-je ?

C'est donc seulement après sa mort que je pus me rendre compte, en prenant connaissance de ce texte, qu'il avait dû souffrir mille fois plus que de ses multiples blessures et fractures, en pensant à ces quelque cent pages qu'il n'aurait jamais dû avoir la faiblesse d'écrire.

Si j'avais connu l'immense pouvoir, l'incroyable importance de cet homme réduit à l'état de pantin disloqué, j'aurais peut-être trouvé les mots qu'il avait besoin d'entendre, j'aurais peut-être pu détruire la carapace qu'il s'était inventée pour cacher son dépit (pourquoi ne pas dire sa souffrance, tout simplement). Une carapace, même consolidée par le travail des ans, cela peut aussi se détruire en un centième de seconde. Dieu le sait et les Saints le savent.

Mais j'étais uniquement occupée par mon « travail d'infirmière »… enfin non, ce n'est pas tout à fait vrai, car, pour moi (et cela ne se trouve ni dans mes livres, ni dans mes cours, ni dans mes examens) pour moi, la prière est complémentaire des gestes médicaux.

Et je priais pour cet homme dont on m'avait déjà dit, du reste, qu'il ne possédait aucun papier d'identité.

Je lui donnais un nom. Je l'appelais Michael, car cet archange-là m'a souvent aidée et ce mot latin me console de devoir entendre, dans nos nouvelles cérémonies religieuses, aussi bruyantes que nos rues, nos stades et nos radios, tous ces nouveaux mots auxquels on a donné l'adjectif de vernaculaire pour nous impressionner et nous faire taire. Car tout cela est de la comédie, tous ces discours où l'on nous invite à participer comme des adultes (alors que le Christ, appelait,

Lui, les petits enfants) n'est qu'une dérision qui essaye de camoufler un autoritarisme ironique et cruel, mais susceptible de se retourner contre lui-même.

Donc, je priais pour cet homme, en le nommant Michael, et sans savoir qu'il était un de nos pires ennemis. L'eussè-je su que mon devoir de chrétien eût toujours été de prier pour lui, et faire prier pour lui, avec une ardeur sans pareille.

Maintenant, je fais dire des messes, mais il est si difficile d'en trouver qui gardent l'absolue apparence d'un Sacrifice mille fois saint et non pas la pitoyable allure d'un gentil repas, fraternellement philanthropique !

Hélas, trois fois hélas !

Michael avait un regard inoubliable, mais dans lequel je ne savais pas lire.

Après avoir pris connaissance de ses confidences, j'essayais de ressusciter en moi la puissance de ce regard, pour y découvrir ce qu'il aurait voulu que je fisse de ses mémoires.

Et d'abord pourquoi les avait-il écrits ? N'y avait-il pas là une marque de vraie faiblesse, peut-être l'unique faiblesse dangereuse à laquelle il eût jamais cédé… Quel fût son mobile ? Était-il de domination ou de consolation ? Dieu seul le sait.

Aujourd'hui, j'ai rencontré une amie qui souhaiterait que ce texte fût édité.

Mais en ai-je le droit ?

Et ma plus grande désolation consiste à constater que jamais je n'aurai l'envie de poser cette question là en confession, comme je l'eusse fait, il y a encore quelques années. Non, la Très-Sainte Vertu d'Obéissance est aujourd'hui l'arme extrêmement puissante dont nos ennemis, qui se prétendent nos amis, se servent contre ce que nous fûmes et pour établir ce qu'ils ont décidé de nous faire devenir.

En un mot, ce « devenir » peut se décrire, car il est connu, il a déjà quatre siècles d'existence et se nomme : protestantisme. Voilà, nous sommes invités, petit morceau par petit morceau, petite obéissance par petite obéissance, de fausse humilité en faux remords, de charité mensongère en ambiguïté trompeuse, de paroles déguisées en épées à double tranchant dont le oui est non et dont le non est oui, nous sommes invités à faire semblant de rester bons catholiques tout en étant de parfaits protestants.

C'est génial, encore fallait-il y penser.

Oui, telle est aujourd'hui la Chrétienté qu'on prétend nous faire aimer.

Mais l'Histoire nous apprend qui est le plus patient, qui est le plus fort, qui est le plus fidèle.

Et que Michael me pardonne si je dévoile son rôle, car c'est pour son bien et le nôtre…

« *Ad majorem Dei Gloriam.* »

Chapitre I

Où l'homme sans nom veut bien nous dévoiler le plus grand mystère de sa vie

Je me demande bien pourquoi j'ai envie d'écrire mes mémoires. C'est plutôt étrange. Je crois que je le fais toutes les nuits, en rêve, d'où une sorte de complicité qui m'obligerait, j'imagine, à continuer de jour.

Peu importe, du reste, personne jamais ne les lira, je les détruirai en temps voulu.

••

Je suis l'homme sans nom, l'homme sans famille, sans patrie et sans héritage. Je suis de ceux que les bourgeois et les bureaucrates méprisent. À cause de tout cela et de ceux qui m'ont voulu du bien, j'ai souffert stupidement. Si j'avais su quel bonheur en sortirait ! Mais j'étais trop jeune pour deviner que du malheur peuvent jaillir des fusées et des soleils.

Je fus d'abord le tout petit garçon sans nom. Je paraissais avoir trois ans et me traînais en sanglotant sur une route polonaise. C'était en 1920. Il m'est donc permis de dire que je naquis en 1917, mais où ? et de qui ?

Il parait que je savais à peine parler, que mon polonais était très mauvais et mon russe encore pire. Je ne paraissais pas comprendre l'allemand. Qui étais je ? Je ne savais même plus dire mon nom. Car enfin, j'avais eu un nom et j'avais su répondre à ce nom. Désormais, je devrai me contenter de celui que m'inventèrent mes parents adoptifs.

Même aujourd'hui, cinquante ans après, une onde de colère, bien que très affaiblie, traverse mon cœur chaque fois que j'évoque le docteur et madame X… Ils étaient bons, ils étaient généreux, ils étaient magnanimes. Ils n'avaient pas d'enfant et m'adoptèrent. Ils m'aimaient plus, je crois, qu'un enfant qui aurait été à eux. Ils m'aimaient pour les avoir tirés du désespoir où les avait plongés la stérilité. Je crois qu'ils me considéraient comme un présent du ciel. Car ils étaient d'une piété si forte que tout chez eux se rapportait à Dieu. Et bien entendu, ils m'apprirent, comme un jeu, à en faire autant.

Leur vertu était si grande que je ne les ai jamais entendus dire du mal de personne.

À l'époque où ils me trouvèrent sanglotant tout seul sur une route, ils étaient encore jeunes, environ trente-cinq ans. Ils étaient très beaux et je fus rapidement sensible à l'amour presque exagéré qui les unissait. Quand ils se regardaient, puis s'embrassaient, une onde bienfaisante me plongeait dans le ravissement.

Ils étaient mon papa et ma maman, et je disais ces possessifs avec une ardeur toute juvénile. Ma mère surtout me manifestait un amour tellement exagéré que j'aurais dû en devenir insupportable. Je ne sais pas pourquoi il n'en fut rien. J'étais naturellement calme et studieux. Je ne leur donnais aucun mal. Non pas que je fusse efféminé. Je me battais très convenablement. Pour se battre, il n'est pas nécessaire d'être un violent ou d'avoir mauvais caractère.

Mes parents, ma mère surtout, pensaient que j'avais bon caractère, mais ils ne voyaient pas que, par un hasard heureux, ma volonté cadrait avec la leur. J'étais très ambitieux et ils m'approuvaient. Un garçon n'en demande pas plus.

L'année de mes quatorze ans, comme j'avais remporté de grands succès scolaires, il fut décidé que nous visiterions Rome et Paris. J'étais tellement content que j'essayais de dormir de moins en moins. Le sommeil me paraissait du temps perdu. Et je voulais préparer ce voyage : je mangeais ces deux villes à l'avance.

Un soir que mes paupières me refusaient toute obéissance, je m'imaginai que mon père pouvait avoir un médicament pour éloigner le sommeil. Je me faufilais au salon. Ils étaient dans la pièce à côté, ils parlaient de moi. Et ils s'inquiétaient au sujet de mon passeport, disant que je n'étais pas leur fils.

La foudre, vous savez ? ... Du moins c'est ce que disent les romanciers en pareille circonstance. Mais moi, je dis que c'est bien pire et que le langage humain n'a tout simplement pas de mot pour parler d'une abomination pareille. Et la douleur qui débute à ce moment a pour particularité d'être à la fois incommensurable et toute petite comme un bébé qui vient de naître. Comme un bébé, elle va grandir et s'affirmer, mais celui qui en est la victime l'ignore.

J'aurais voulu mourir et mon cœur paraissait en prendre le chemin. Comme il courait, mon cœur ! Quelle précipitation, alors que tout le reste de mon individu était transformé en granit ! Quand mon cœur reprit un rythme un peu plus normal, je pus à nouveau bouger. J'avais mal des pieds à la tête. Je ne connaissais pas la douleur. Aussi, sa première visite me saisit tout entier et prit le commandement de ma vie pour un certain temps. Ma douleur me dit de partir et je le fis aussitôt sans rien emporter. J'aurais même voulu partir tout nu, ne rien laisser à ces gens là.

Car bien sûr, ils étaient et sont toujours : « ces gens-là. » La haine que je leur porte est à la mesure de l'amour qu'ils m'ont témoigné. Car ils m'ont toujours menti, même s'ils m'aimaient vraiment. Cela, je ne le pardonne pas, je ne pardonne rien, par principe. Si j'étais logique, je leur serais reconnaissant. C'est grâce à eux si je suis aujourd'hui un des agents secrets les plus redoutables. Je suis devenu l'ennemi personnel de Dieu, celui qui est décidé à faire enseigner et proclamer dans le monde entier la mort d'un Dieu qui, en fait, n'a jamais existé.

Ma douleur me dit donc de courir jusqu'à Vladivostok. Et je partis. Mais après quelques milliers de minutes et bien que je fusse un solide gaillard, je dus m'appuyer contre un mur afin de retrouver mon souffle. Le mur se transforme en nuage, je glissai tout en recevant la gifle d'une voix très lointaine qui s'écriait :

— « Mais, c'est un pauvre gosse ! »

Je me retournai avec l'intention d'étrangler la femme qui manifestait ainsi des velléités de matérialisme. Mon projet homicide fut stoppé par le dégoût. Jamais je ne pourrais toucher, même du bout des doigts, la peau d'une aussi horrible personne. Je voulus parler, mais je m'étranglai. Deux femmes essayaient de me faire boire de l'alcool. Je recrachai et m'endormis aussitôt. Le grand jour me réveilla. Une femme me regardait, assise au pied du lit. Ainsi, elle m'avait transporté ! C'était peut-être la même femme, mais elle n'avait plus de peinture sur la figure. Je lui dis :

— « Vous êtes moins dégoûtante que hier soir. »

Elle répondit calmement :

— « Avant-hier. »

Voilà pourquoi j'avais si faim. Je réclamai, car les femmes sont destinées à nourrir les hommes. Autant que celle-là comprenne tout de suite que je ne lui demanderais jamais rien d'autre. Je dois dire qu'elle m'apporta des tas de bonnes choses. Je commençais à m'amadouer quand elle me dit :

— « Vous vous êtes échappé. Vous êtes "un tel". »

Je ne répondis rien, attendant la suite. Elle ajouta :

— « Je peux vous aider à passer en Russie. »
— « Comment savez vous que je veux aller en Russie ? »
— « Vous avez parlé en dormant. »
— « C'est ainsi que vous avez appris mon nom ? »
— « Non. C'est dans le journal. Vos parents vous supplient de rentrer. Ils promettent de ne pas vous gronder. »
— « Je n'ai pas de parents. »

Elle dut comprendre que j'étais décidé, car elle me dit :

— « J'ai de la famille en Russie. Je peux vous aider, vous aider à passer la frontière. »

Ce fut un trait de lumière pour moi. Je lui demandais si elle accepterait de porter une lettre à un camarade qui rentrerait de classe à midi. Elle parut enchantée de pouvoir faire quelque chose pour moi. Je préparai un petit mot en code. Heureusement, nous avions pris cette habitude pour nous amuser et personne n'en sut jamais rien.

En cette circonstance dramatique, je pouvais donc utiliser ce qui ne nous avait jamais paru qu'un jeu.

Le copain en question était riche et ses parents le gâtaient outrageusement en le laissant disposer de beaucoup plus d'argent que nécessaire. J'espérais qu'en ce jour il avait de solides économies destinées à quelque achat complètement inutile, et je savais que l'amitié qu'il me portait je veux dire que nous nous portions, passait avant toute chose et qu'il m'enverrait tout l'argent dont il pouvait disposer, cela d'autant plus que je ne lui cachais pas mon intention de passer secrètement en Russie, pays dont il admirait l'audace. En fait, comme il ne s'entendait pas avec son père, il préférait la Russie, patrie de sa mère, et je savais que, tout en m'enviant, il se ferait tuer plutôt que d'avouer qu'il avait quelques renseignements sur ma fuite.

Je me souvins même qu'il avait un oncle haut fonctionnaire à Leningrad, je crois. Je lui demandai l'adresse de cet oncle et un mot de recommandation. Au moment où la femme allait partir, j'ajoutai vite un *post-scriptum* disant :

— « Je veux entrer dans le Parti et devenir quelqu'un de grand dans le Parti. »

C'était ma vengeance.

La femme attendit devant la porte de mon ami le moment où il retournait à l'école. Elle eut de la chance car ce fut à quatorze heures ce jour là. Mon ami la reconnut et lui remit un paquet. Il contenait : une longue lettre codée pour moi, une lettre en clair pour son oncle et un beau paquet d'argent. Un chic type.

Je ne dirai pas, pour des motifs assez faciles à deviner, comment je passais la frontière et finis par arriver à Leningrad.

Mais, par contre, ma première visite à l'oncle a quelque chose d'immortel puisque je la sais par cœur et m'amuse à la revivre périodiquement. J'ignorais quel poste exact l'oncle occupait dans l'administration russe, mais je décidais de jouer franc jeu. Si je voulais atteindre l'échelon que je me destinais, je pensais qu'il valait mieux jouer le jeu de la franchise avec cet unique homme là.

Je crois qu'il me comprit fort bien dès cette première visite et que je lui plus.

L'oncle me dit que je devrais étudier avant tout la doctrine du Parti et les langues. Tout dépendrait de la qualité de mes études. Je lui répondis qu'en tout, je serais toujours le premier et que j'en saurais vite plus que mes professeurs. Il est agréable d'avoir quelqu'un avec qui se montrer vrai. Celui là était le seul. Je le lui dis. Il en fut flatté, bien qu'il me répondit par un petit sourire ironique. En cet instant, je fus plus fort que lui, en toute certitude. Et je sentis une grande vague de joie m'envahir, la première depuis ma fuite. Du reste, cela ne dura pas, mais me parut de bonne augure quand même.

J'étudiai avec férocité pendant six ans. Mes deux seules joies étaient ma visite trimestrielle à l'oncle et ma haine de Dieu, avec la certitude d'arriver à être le Chef incontesté de l'athéisme universel.

Je fus donc amené à penser que le chiffre 1025 était un numéro d'ordre. À mon grand étonnement j'avais vu juste.

— « Ainsi donc, *m'écriai je*, 1024 prêtres ou séminaristes sont entrés dans cette carrière avant moi ! »

Chapitre II

Où nous voyons comment le malheur travaille à fortifier les humains

L'oncle était mon seul ami, le seul homme qui me connût vraiment. Pour tous les autres, je voulais être insignifiant et y parvenais facilement. Les femmes ne m'intéressaient pas, j'avais même un certain dégoût pour elles et, par voie de conséquence, pour les imbéciles qui les aiment trop. Ma volonté d'apprendre le maximum était grandement facilitée par une mémoire étonnante. Une lecture attentive et je savais un livre par cœur, fût-il même écrit dans un style prétentieux. Mais j'avais aussi la faculté de ne retenir que ce qui vaut la peine. Mon intelligence nettement supérieure ne retenait que les valeurs et savait même critiquer en secret et avec un indéniable amusement les plus grands professeurs.

Mon amour pour les doctrines athéistes, qui sont la base et le fondement du Parti, exaltait mon zèle, qui n'était pas petit.

Au bout de six ans d'études acharnées, l'oncle me convoqua, un soir, à son bureau. Jusque-là, il me recevait chez lui. Ce jour-là, je pus constater qu'il était bien un haut fonctionnaire de la police, comme je l'avais toujours supposé.

Il me fit une proposition brutale, propre, devait-il penser, à me bouleverser. Il me dit :

— « Je vais vous envoyer maintenant pratiquer un athéisme militant et international. Vous devrez lutter contre toutes les religions, mais principalement contre la catholique, qui est la mieux structurée. Pour ce faire, vous allez entrer au séminaire et devenir prêtre catholique romain. »

Un silence, pendant lequel je laissai la joie me gagner tout en gardant une apparence de totale indifférence, fut ma seule réponse. L'oncle était content et ne le cachait pas. Avec le même calme, il continua :

— « Pour pouvoir entrer au séminaire, vous allez retourner en Pologne, vous réconcilier avec votre famille adoptive et vous présenter à l'évêque. »

J'eus un bref mouvement de révolte. Depuis mes relations avec l'oncle, c'était la première fois que je ne me maîtrisais pas. Il en parut satisfait et même amusé.

— « Ainsi, *me dit-il*, vous n'êtes pas tout à fait de marbre. »

Cette réflexion me rendit furieux et je répondis sèchement :

— « Je le suis et le resterai quoi qu'il arrive. »

L'oncle paraissait détendu et même amusé, comme si ma carrière, ma vocation, mon avenir (et donc celui du Parti) ne dépendaient pas des décisions prises en ce jour.

Il ajouta :

— « Le marbre est une belle chose, d'un usage primordial pour qui veut devenir agent secret, mais en l'occurrence, il sera nécessaire que vous témoigniez à votre famille la plus grande affection. »

Je me sentais lâche et questionnai pitoyablement :

— « Pendant six ans de séminaire ?... »

Il me répondit avec la dureté qu'on emploie envers les coupables :

— « Et si je vous disais oui, que répondriez-vous ? »

Il me fut très facile de répliquer que je me serais incliné et je fus même surpris de me sentir plus malin que lui. Il souriait toujours et me dit :

— « Oui, mais vous n'avez pas su cacher que vous pensiez que je suis un imbécile qui dévoile naïvement son jeu. »

Je devins tout rouge, ce qui ne m'arrive jamais. Il ajouta :

— « Un agent secret n'a pas de sang dans les veines, n'a pas de cœur, n'aime personne, même pas lui-même. Il est la chose du Parti qui peut le dévorer tout vivant et sans avertissement. Mettez-vous bien dans la tête que n'importe où vous serez, nous vous surveillerons et nous débarrasserons de vous à la première imprudence. Et bien entendu, si vous êtes en danger et même s'il n'y a pas de votre faute, ne comptez par sur nous. Vous seriez désavoué. »

Je répondis :

— « Je sais tout cela, mais je me permets de demander pourquoi je dois manifester de l'affection à ma fausse famille. Je ne vous ai jamais caché la haine que j'éprouve pour eux. »

— « La haine, *me répondit-il*, sauf la haine de Dieu, à l'exemple de Lénine, n'entre pas non plus dans nos services. J'ai besoin que vous soyez accepté par un véritable évêque de votre pays d'origine, la Pologne. Mais nous n'avons pas l'intention de vous faire faire vos études religieuses en ce pays. Non, vous serez envoyé de l'autre côté de l'Atlantique, mais ceci est confidentiel et vous jouerez l'étonnement quand vous recevrez cet ordre. Oui, nous avons tout lieu de craindre une guerre européenne, avec ce fou qui dirige l'Allemagne. Donc, il nous paraît plus prudent de vous faire étudier quelque part du côté du Canada, par exemple. Un autre motif nous anime, c'est que les séminaires européens sont beaucoup plus sévères que ceux d'Amérique. »

J'eus un imperceptible geste de protestation et fus aussitôt deviné. L'oncle poursuivit :

— « Je sais que vous pourriez supporter six ans de séminaire très sévère sans jamais sortir, là n'est pas la question. Nous avons besoin que vous connaissiez le monde et comme il peut être intelligent de lui parler pour lui faire perdre la foi, et, bien entendu, avec la certitude de n'être jamais soupçonné. Il ne nous servirait à rien d'envoyer des jeunes gens dans des séminaires s'ils devaient se faire prendre. Non, vous resterez prêtre jusqu'à la mort et vous conduirez en prêtre fidèle et chaste. Du reste, je vous connais, vous êtes un cérébral. »

Puis il me donna quelques précisions sur la marche du service dans lequel j'allais entrer et à la tête duquel j'espérais bien finir mes jours.

Dès mon entrée au séminaire, je devais m'employer à découvrir comment détruire tout ce qu'on m'enseignait. Mais, pour ce faire, je devais étudier attentivement et intelligemment, c'est-à-dire sans passion, l'Histoire de l'Église. Je devais particulièrement ne jamais perdre de vue que la persécution ne sert à rien qu'à faire des martyrs dont les catholiques ont pu dire avec raison qu'ils sont une semence de chrétiens. Donc, pas de martyrs. Ne jamais oublier que toutes les religions sont basées sur la peur, la peur ancestrale, toutes sont nées de cette peur. Donc, supprimez la peur, vous supprimez les religions. Mais ce n'est pas suffisant.

— « À vous, me dit-il, de découvrir les bonnes méthodes. »

Je nageais dans la joie. Il ajouta :

— « Vous m'écrirez toutes les semaines, en style bref, pour m'indiquer tous les slogans que vous voudriez voir répandre dans le monde avec une courte explication des raisons qui vous auront guidé. Au bout d'un temps plus ou moins long, vous serez mis en action directe avec le réseau. C'est-à-dire que vous aurez dix personnes sous vos ordres qui en auront elles-mêmes chacune dix autres. Les dix personnes qui seront directement sous vos ordres ne vous connaîtront pas. Pour vous atteindre, il faudra qu'elles passent par moi. Ainsi, vous ne serez jamais dénoncé. Nous avons déjà de nombreux prêtres dans tous les pays où sévit le catholicisme, mais vous ne vous connaîtrez jamais entre vous. L'un est évêque, peut-être entrerez-vous en rapport avec lui, cela dépendra du grade que vous atteindrez. Nous avons des observateurs partout et particulièrement des anciens qui dépouillent la presse du monde entier. Un résumé vous sera envoyé régulièrement. Nous saurons donc facilement quand vos propres idées auront fait leur chemin dans les esprits. Voyez-vous, une idée est bonne quand elle est reprise par un imbécile d'écrivain quelconque qui la présente comme sienne. Car rien n'est plus vaniteux qu'un écrivain. Nous comptons beaucoup sur eux et n'avons même pas besoin de les former. Ils travaillent pour nous sans le savoir, ou plutôt sans le vouloir. »

Je lui demandai comment je pourrais rester en relations avec lui si la guerre éclatait. Il avait tout prévu. Je recevrais en temps utile une lettre postée en pays libre et bien à l'abri des hostilités. Je reconnaîtrais cette lettre comme valable au fait qu'on me donnerait mon appellation secrète, soit : E.S. 1025. E.S. voulait dire *élève séminariste*. Je fus donc amené à penser que le chiffre 1025 était un numéro d'ordre.

À mon grand étonnement j'avais vu juste.
— « Ainsi donc, *m'écriai-je*, 1024 prêtres ou séminaristes sont entrés dans cette carrière avant moi ! »
— « C'est bien cela », *me répondit-il froidement.*

J'étais non pas découragé, mais ulcéré et furieux. J'aurais volontiers étranglé ces 1024 bonshommes. Je dis seulement :
— « En faut-il vraiment tant ? »

L'oncle se contentait de sourire.

Il était bien inutile d'espérer lui cacher mes pensées. Aussi, j'ajoutai piteusement :

— « Il faut croire qu'ils n'ont pas fait beaucoup de bon travail si vous continuez à en recruter. »

Mais il ne voulut pas satisfaire ma curiosité.

Je voulus au moins savoir si je pourrais entrer en relations avec quelques-uns d'entre eux. Mais l'oncle m'assura que je n'en connaîtrais jamais un seul. Je ne comprenais pas. Je me sentais désemparé.

— « Comment, *lui dis-je*, pourrions-nous faire du bon travail si nous sommes dispersés et privés de coordination et d'émulation ? »

— « Pour ce qui est de la coordination, ne vous inquiétez pas, nous y avons pourvu, mais seuls les gradés en connaissent le fonctionnement. Quant à l'émulation, nous comptons sur l'amour du Parti. »

Je n'avais rien à répondre. Pouvais-je dire que le Parti n'aboutirait à rien dans le domaine de l'athéisme tant que je ne serais pas à la tête de ce service-là ? J'en étais tellement persuadé que je remisai les 1024 prédécesseurs dans la case des abonnés absents.

Chapitre III

Où l'orgueil est exalté comme une qualité dominante et superbe

Après cette mémorable soirée, l'oncle m'invita à prendre connaissance de quelques dossiers secrets et vraiment passionnants. Bien que ces mémoires ne doivent jamais être publiés, je veux rester prudent et je ne parlerai donc pas de ces dossiers. J'en connais qui donneraient, encore aujourd'hui, une fortune pour pouvoir les photographier. J'en ris, car il suffirait d'inventer une machine capable de lire dans ma mémoire.

Pendant cette semaine-là, j'appris un certain nombre d'adresses utiles, ainsi que des numéros de téléphone de divers pays. Toutes ces précautions sentaient la guerre derrière la porte. Je piaffais du désir de quitter l'Europe, car le bien de l'humanité eût été trop compromis par ma mort ou même seulement par l'abrutissement que procure le service militaire un peu prolongé.

L'oncle me fit revenir dans son bureau pour discuter politique internationale, mais je ne m'intéressais que médiocrement à cette science-là. L'oncle m'en fit le reproche en précisant que l'athéisme n'est qu'une branche de la politique. À part moi, je pensais que c'était la plus importante. Et l'oncle, qui paraissait entendre mes pensées ajouta :

— « Vous avez raison de considérer l'athéisme comme primordial, comme fondamental, mais vous avez encore beaucoup à apprendre dans ce domaine. »

J'en convins avec la plus parfaite mauvaise foi. Et, tout en gardant mon impassibilité, j'ajoutai :

— « Cependant j'ai une petite idée sur la direction générale qu'il faudrait donner à la lutte que nous entreprenons. »

Un éclair d'amusement passa sur le visage de l'oncle. Je crois que c'est parce qu'il m'aimait bien.

Je le fixais avec un brin de défi. Il me dit :

— « Parlez, mais soyez bref. »

Que voulais-je de plus ? ... Je dis donc tout paisiblement :

— « Au lieu de combattre le sentiment religieux, il faut l'exalter vers une direction utopique. »

Un silence, il digérait.

— « Bon, *dit-il*, un exemple. »

Je tenais le bon bout. Il me semblait, en fait, que la terre entière était à ce moment-là entre mes mains. J'expliquai calmement :

— « Il faut mettre dans la tête des hommes, et particulièrement des hommes d'église, de rechercher à n'importe quel prix une religion universelle où toutes les églises viendraient se fondre. Pour que cette idée prenne corps et vie, il faut inculquer aux gens pieux, et particulièrement aux catholiques romains, un sentiment de culpabilité concernant l'unique vérité dans laquelle ils prétendent vivre. »
— « N'êtes-vous pas vous-même un peu utopique dans la deuxième partie de votre proposition ? »
— « Non, non, du tout, *répondis–je vivement*. J'ai été catholique et très catholique, je veux dire très pieux et très zélé jusqu'à ma quatorzième année, et je crois qu'il est relativement facile de montrer aux catholiques qu'il y a de saintes gens chez les protestants, chez les musulmans, chez les juifs, etc. etc. »
— « Admettons, *me répondit-il*, mais alors, quel sentiment auront les autres religions ? »
— « Ce sera variable, *dis-je*, et je dois encore étudier cet aspect du problème, mais, pour moi, l'essentiel est d'atteindre profondément et définitivement l'Église catholique. C'est elle la plus dangereuse. »

— « Et comment verriez-vous cette église universelle vers laquelle vous voudriez les voir tous courir ? »
— « Je la vois très simple, *dis-je*, elle ne pourra jamais être autrement que simple. Pour que tous puissent entrer… elle ne pourra retenir qu'une vague idée d'un Dieu plus ou moins créateur, plus ou moins bon, selon les jours. Et du reste, ce Dieu ne sera utile que dans les périodes de calamités. Alors, la peur ancestrale remplira ces temples-là, mais autrement ils seront plutôt vides. »

L'oncle réfléchit un bon moment, puis me dit :
— « Je crains que le clergé catholique ne voie rapidement le danger et ne soit hostile à votre projet. »

Je répondis vivement :
— « C'est bien ce qui s'est produit jusqu'à présent. Mon idée a déjà été lancée dans les airs par des non-catholiques et cette Église a toujours fermé sa porte à pareil programme. C'est justement pourquoi j'ai voulu étudier la façon de lui faire changer d'avis. Je sais que ce ne sera pas facile, qu'il faudra y travailler pendant vingt ou même cinquante ans, mais que nous devons y arriver. »
— « Par quels moyens ? »

— « Des moyens nombreux et subtils. Je vois l'Église catholique comme une sphère. Pour la détruire, il faut donc l'attaquer en de nombreux petits points jusqu'à ce qu'elle ne ressemble plus à rien. Il faudra savoir être très patients. J'ai des tas d'idées qui peuvent paraître, au premier abord, mesquines et puériles, mais je soutiens que l'ensemble de ces mesquines puérilités deviendra une arme invisible d'une grande efficacité. »

— « Bon, *me dit l'oncle*, mais il faudrait me faire un petit topo. »

Lentement, je sortis mon portefeuille, en tirai une enveloppe qui contenait un précieux travail de mise au point de mes idées. Je posai ce document sur le bureau avec une invisible satisfaction. L'oncle se mit à lire aussitôt, ce que je n'avais pas osé espérer. Cela me prouvait qu'il fondait de grands espoirs sur moi. Comme il avait raison, le cher vieil homme !

Après sa lecture, qui lui prit plus de temps que vraiment nécessaire, l'oncle me regarda et dit :

— « Je vais faire examiner ce travail par mes conseillers. Vous reviendrez chercher la réponse dans huit jours, à la même heure. En attendant, préparez votre départ pour la Pologne. Prenez cela. »

Me dit-il en me tendant une enveloppe qui était très généreusement garnie de roubles, de plus de roubles que je n'en avais jamais possédés.

Je pris une indigestion de théâtre et de cinéma et j'achetai un grand nombre de livres. Je ne savais pas trop comment les expédier, mais je pensai que l'oncle y pourvoirait par une quelconque valise diplomatique. Je vécus ces huit jours dans un état d'exaltation tel que je ne sentais plus mon corps et que je ne dormis pour ainsi dire pas.

Pour moi, se posa alors la question (et c'était bien la première fois) de savoir si j'essayerais de rencontrer une femme. Mais dans l'état d'exaltation cérébrale où je me trouvais, je pensai que cela n'en valait pas la peine. Je craignais même, par une action aussi médiocrement animale, de porter malchance à mon projet actuellement à l'étude parmi les plus hautes autorités du service. N'était-il pas avant tout important que d'emblée, je puisse sauter plusieurs grades et passer par-dessus le plus grand nombre possible des mille et vingt et quatre prédécesseurs qui ne pouvaient pas me valoir ?

Un soir, j'essayai de me saouler pour voir si mon cerveau en recevrait une utile impulsion. Il n'en fut rien et je peux affirmer que l'alcool est encore plus néfaste que la religion, ce qui n'est pas peu dire.

Quand vint le moment de me présenter à nouveau au bureau de l'oncle, mon cœur battait un peu plus vite, mais ce n'était pas désagréable. L'important est que personne ne pût s'en apercevoir.

L'oncle me regarda longuement, puis me dit avec un petit sourire que son chef voulait me connaître. Comme il était certain qu'un si haut personnage ne se dérangerait pas pour me notifier son mécontentement, je ne fus pas du tout impressionné par cette convocation.

Mais, par contre, je fus horrifié par l'aspect extérieur de ce fameux « chef. » Horrifié est bien le mot qui convient et, trente ans après, il me suffit de fermer les yeux pour le revoir et le sentir. Il avait une telle « présence » que les autres n'étaient plus que des marionnettes. Déjà, je déteste cette sensation-là, mais il faut ajouter que cette « présence » était celle d'un monstre. Comment peut-on accumuler la brutalité, la grossièreté, la ruse, le sadisme, la vulgarité ? Cet homme devait certainement être de ceux qui vont dans les prisons se délecter des tortures. Or, j'ai un profond dégoût pour la cruauté qui est, j'en suis sûr, signe de faiblesse. Et comme je méprise toutes les faiblesses, comment pourrais-je jamais accepter que l'oncle se montrât si servile devant la brute qui nous recevait ?

La brute fit comme tous les chefs, elle commença par me regarder fixement dans les yeux pour voir. Pour voir quoi ? Avec moi, il n'y a rien à voir. Il n'y aura jamais rien à voir, camarade, pensais-je avec satisfaction.

Puis le chef me demanda ce à quoi je tenais le plus. Il me fut bien facile de dire : le triomphe du Parti, alors que la vérité avait plus de subtilité. Ce chef n'en avait-il donc aucune ? C'était impensable. Puis il ajouta d'un petit ton négligent :

— « À partir d'aujourd'hui, vous êtes inscrit parmi les agents secrets actifs. Vous donnerez des ordres toutes les semaines. Je compte sur votre zèle. Je veux bien admettre qu'il faille un certain temps pour détruire les religions de l'intérieur, cependant il est nécessaire que les ordres que vous donnerez trouvent un écho, notamment chez les écrivains, les journalistes et même chez les théologiens. Bien entendu, nous avons une équipe qui surveille les écrits religieux du monde entier et donne son avis sur l'utilité des directives données par tel ou tel agent. Donc, débrouillez-vous pour plaire. J'ai bon espoir, car il me semble que vous l'avez déjà compris tout seul. »

La brute n'était pas un idiot. Il entendrait parler de mon travail, cela j'en étais certain. Je connaissais trop bien la vulnérabilité des chrétiens pour douter de mon succès futur. Je crois que cette vulnérabilité peut s'intituler :

« charité. » Au nom de cette sacro-sainte charité, on peut leur inoculer n'importe quel remords. Et le remords est toujours un état de moindre résistance. C'est à la fois médical et mathématique, ce qui pourtant ne va pas ensemble, mais moi, je mariais ces deux données.

Je saluai dignement le chef et le remercia avec froideur. Je ne voulais pas qu'il pût s'imaginer qu'il m'avait impressionné.

Quand je me retrouvai seul avec l'oncle, je me gardai bien de faire le moindre commentaire sur ce trop fameux chef. Du reste, je devais plutôt me féliciter que ce personnage fût si antipathique, car j'étais ainsi guéri d'avance de toute timidité envers les grands de ce monde. Et j'aboutissais toujours à cette même conclusion que, de toutes façons, le plus grand, c'était moi.

Chapitre IV

Où l'art de jouer la comédie de la modestie rencontre un obstacle parfaitement humble

Je partis pour la Pologne en essayant de me persuader que ma puissance de dissimulation signifiait des dons certains de comédien.

À vingt et un ans, après avoir vécu six ans solitaire, en étudiant pauvre et ambitieux, il fallait que je redevienne un jeune homme affectueux, prévenant, obéissant et pieux... plus que pieux : brûlant d'entrer au séminaire.

Une jolie comédie pour mes débuts. Je pensais que j'arriverais à tromper ma soi-disant mère, mais le docteur ? Je craignais réellement son diagnostic. Cet homme était peut-être le seul dont j'aie jamais eu peur dans ma vie. Pourtant il fallait à tout prix, à n'importe quel prix, le mettre dans ma poche. Non pas que je n'eusse pu entrer au séminaire sans son appui, mais, pour me prouver ma force, je ne devais jamais être soupçonné. Le docteur était pour moi comme un test de ma propre valeur.

Je sonnai « chez moi » vers six heures, de façon à passer une petit heure avec elle, avant son retour à lui.

Ce fut elle qui m'ouvrit. Elle avait beaucoup vieilli et n'était même pas fardée ! Elle paraissait malade. Elle se mit à trembler, puis à pleurer. Les femmes ne sont vraiment à leur place que dans des harems où les hommes vont les voir seulement en cas de nécessité absolue.

Je demandai pardon pour mon long silence, espérant que la question du repentir serait ainsi rapidement réglée, puis oubliée, avant que le docteur ne rentrât. Aucune envie de manifester un repentir mâle, devant un vrai mâle.

Avec elle, je savais qu'on arriverait rapidement à la joie des retrouvailles et des projets d'avenir. Comme elle ne pouvait pas avoir de plus grand désir que celui de me voir prêtre catholique, je lui fis part tout de suite de mon irrésistible vocation.

La pauvre sotte était tellement heureuse que je lui aurais fait avaler n'importe quoi.

Elle voulut savoir comment m'était venue cette bien aimée vocation. J'avais vaguement pensé à diverses applications, puis avais renoncé à préparer cette scène d'avance. Généralement, le prémédité sonne moins bien que l'impromptu.

Je lui sortis une histoire d'apparition tout à fait propre à la séduire. Je savais bien que le docteur se méfiait de ce genre de choses. Mais elle avait un faible pour le merveilleux. Ainsi, je m'assurais de les diviser et de renforcer ma position. Pendant qu'ils se disputeraient à mon sujet, ils me laisseraient tranquille.

Je lui racontai donc une vibrante histoire d'apparition céleste, en prenant bien soin d'en graver les détails dans ma mémoire, de façon à ne jamais me couper.

Je trouvais pittoresque de prétendre avoir reçu la visite de saint Antoine de Padoue. Le patron des objets perdus ne pourrait-il pas aussi s'occuper des enfants perdus ? Ce saint est tellement populaire qu'on peut lui attribuer n'importe quel miracle, les gens pieux marcheront toujours. Donc saint Antoine de Padoue m'avait rendu visite avec, bien entendu, le petit Enfant Jésus dans ses bras. Pendant que j'y étais, autant fabriquer tout de suite une belle image de dévotion.

Comme nous nagions dans la piété la plus sirupeuse, le docteur rentra chez lui. J'étais soulagé de voir arriver un être raisonnable. Mais je sus tout de suite qu'il ne me croyait pas.

Ainsi la partie serait plus difficile à jouer et donc plus amusante.

Je me devais de convaincre mon faux père. Je devais tout au moins l'acculer à faire semblant.

Mais cette première soirée fut plutôt pénible. Le docteur est un des rares hommes vraiment intelligents qui se soient trouvés sur mon chemin. Le jeu n'en était que plus voluptueux.

Le lendemain, je demandai une audience à l'évêque. Ma fausse mère le connaissait depuis son enfance. Il me reçut gentiment, mais sans enthousiasme. Il devait faire partie de ces catholiques qui pensent qu'il est préférable de ne pas exciter une vocation, mais au contraire de la combattre. Une vraie vocation doit triompher de tout obstacle.

Heureusement que je connaissais bien cet état d'esprit et que je pus ainsi ne pas m'en vexer. Mais je reconnais que cette attitude peut provoquer le désarroi chez un être qui justement n'a pas la vocation. Quant à moi, je sus rester chrétiennement humble et il ne me parut pas possible que l'évêque fût mécontent de moi.

Cependant, il me pria de me présenter au curé de ma paroisse ainsi qu'à un religieux réputé pour avoir reçu le don du discernement des esprits. Ce charabia veut simplement dire que ce bonhomme pense être capable de détecter toutes les fausses vocations, depuis les simplement imaginaires jusqu'aux franchement perverses.

Je me rendis d'abord chez mon curé, un brave homme tout simple. Il avait envie de voir fleurir une vocation sur sa paroisse et m'aurait donné tout ce qu'il possédait, c'est-à-dire presque rien, pour fêter cette heureuse nouvelle.

Pour que ce saint enthousiasme me fût profitable auprès du docteur, je priai ma fausse mère d'inviter l'ecclésiastique à dîner. Ce fut délicieux, car l'homme avait une âme d'enfant et, devant ce phénomène rare, mais très apprécié dans les procès de canonisation, le docteur se sentait malade. Comment un honnête chrétien peut-il résister aux saints ?

J'étais donc fort réconforté quand je me rendis chez le religieux dont on vantait la perspicacité. Cet homme me parut au premier abord assez pénible à supporter à cause de sa lenteur et des nombreux silences qu'il semblait affectionner. Cependant, je pus sortir tous les clichés qui sont susceptibles de décrire une véritable vocation sacerdotale. Je riais intérieurement car, enfin, comment cet homme pouvait-il s'imaginer que mes pensées secrètes pourraient lui être dévoilées. Et comment aurait-il su si j'avais des pensées secrètes ?...

Notre entrevue fut très longue, mais je finis par y prendre goût. Je parlais avec facilité et m'écoutais avec satisfaction. Bien entendu, je manifestais la plus exquise modestie. C'est du reste une soi-disant vertu très facile à imiter. C'est même un jeu des plus amusants. Et j'étais un as de la modestie, ainsi que de beaucoup d'autres comédies.

Je me gardai de parler d'une soi-disant apparition de saint Antoine de Padoue. Ainsi, au cas où ma mère lui aurait dévoilé ce fait, il serait édifié de me voir le taire.

Cependant, je fus quand même fier de lui raconter que je n'avais jamais connu de femme et me désintéressais tout à fait de ce sexe tout juste utile à procréer. Je pense que ce pouvait être une marque certaine de vocation. Car je pouvais employer ce mot de vocation pour le métier que j'avais choisi dans le cadre du Parti et mon indifférence pour les femmes y devenait aussi une sorte de prédestination. Apôtre ou anti-apôtre ne doit épouser que son apostolat. Je fus donc très simplement éloquent chaque fois que le mot d'apostolat revenait dans la conversation. Il devait paraître évident que je serais un prêtre très zélé.

Ce religieux me tendit plusieurs pièges, notamment il essaya de me faire mentir. Enfantin ! Un homme intelligent sait que le mensonge ne doit être employé que le plus rarement possible.

Et même quand je me sens obligé de dire des mensonges, j'ai trop de mémoire pour me couper en dévoilant la vérité. Non, un bon mensonge doit simplement devenir vérité pour celui qui l'a créé et donc aussi pour tous ses interlocuteurs.

Ce religieux voulut savoir pourquoi j'avais laissé mes parents adoptifs sans nouvelles pendant six ans. Là, je devins pathétique. Il m'était facile de revenir en arrière et de revivre la vague de douleur qui m'avait poussé vers la Russie. Mais justement, cet homme prudent semblait craindre que je ne fusse devenu communiste. Je lui dis que la politique ne m'intéressait pas. Quant à mes six ans de silence, je ne pouvais tout simplement pas les expliquer.

Je crois qu'il est bon de paraître parfois comme un homme faible et vulnérable. Les gens en place sont alors tout heureux de vous protéger. J'insistai même en disant que ce serait le remords de toute ma vie, tout en laissant entendre que ma mère se sentait récompensée par ma vocation sacerdotale. Ainsi, ce vieil homme n'oserait pas faire de la peine à ma mère en lui enlevant la seule joie de ses vieux jours. Évidemment, je ne prononçai pas des paroles aussi imprudentes, je me contentai d'espérer.

Plus le temps passait, plus notre conversation devenait cordiale. J'étais très satisfait et nous nous quittâmes bons amis.

Plusieurs jours passèrent dans le silence, comme si l'Église n'était pas pressée d'avoir un séminariste de plus.

Pour ma part, je travaillais avec ardeur aux prochaines directives qui devaient atteindre le monde entier, via la Russie.

Quand, enfin, je fus convoqué à l'évêché. Et là, la terre s'ouvrit devant moi, car l'évêque me dit tout tranquillement que le religieux pensait que je n'avais pas la vocation.

Chapitre V

Où un ambitieux programme chrétien conduit d'abord à l'assassinat

Ma mère tomba malade et il fallut la mettre en observation à l'hôpital.

Mon père, par un bizarre réflexe de pitié, je suppose, joua de la gamme « gentillesse » avec moi. Je lui donnai la réplique avec beaucoup de dignité. Il me demanda ce que je comptais faire. Je lui répondis que je n'abandonnerais pas, mais que je choisirais de faire ma médecine si vraiment l'Église ne voulait pas de moi. Petit couplet sur le bien des corps qui favorise le bien de l'âme. Fermez le ban !

Bien sûr, j'avais envoyé un télégramme urgent à l'oncle. Par l'intermédiaire du prêtre qui me servait de boite aux lettres, la réponse vint rapidement. Elle était brève et ne me surprit qu'à moitié. Elle disait : « Supprimez l'obstacle. »

Bien entendu, j'avais reçu un entraînement spécial réservé aux agents secrets. Je savais aussi bien attaquer que me défendre. En l'occurrence, je discutai longuement avec moi-même pour savoir si je devais simuler un accident ou plutôt un arrêt du cœur. En bref, devais-je semer l'inquiétude, ou simplement prouver ma docilité ?

Je pensai qu'il valait mieux procéder à cette liquidation en dehors du couvent. En conséquence, je priai mon correspondant d'inviter le religieux chez lui, sous n'importe quel prétexte. Heureusement, ces deux hommes se connaissaient.

Je ne mentais pas en disant que je voulais savoir ce qui avait porté ce religieux à me refuser les marques de la vraie vocation. C'était important pour moi, car j'apprendrais ainsi à perfectionner ma petite comédie religieuse. En plus, j'étais horriblement vexé de cet échec. Et j'espérais encore pousser le religieux à revenir sur sa décision.

En attendant cette seconde entrevue, je fignolais mon vrai travail. J'y disais ceci :

Il est très important que les chrétiens prennent conscience du scandale que représente la division de l'Église. Car il y a trois sortes de chrétientés : la catholique, plusieurs orthodoxes et quelque trois cents sectes protestantes.

Faire état de la dernière prière de Jésus de Nazareth, prière jamais exaucée :

« Soyez Un comme Mon Père et Moi sommes Un. »

Cultiver un lancinant remords à cet égard, particulièrement chez les catholiques.

Faire ressortir que tout est la faute des catholiques qui font eux-mêmes, par leur intransigeance, les schismes et les hérésies.

Arriver au point que le catholique se sente tellement coupable qu'il veuille réparer à n'importe quel prix. Lui suggérer qu'il doit rechercher lui-même tout ce qui peut rapprocher des protestants (et des autres aussi) sans nuire au Credo. Ne garder que le Credo.

Et encore… attention : le Credo doit subir une infime modification. Les catholiques disent : « *Je crois à l'Église catholique* », les protestants disent : « *Je crois à l'Église universelle.* » C'est la même chose. Le mot catholique veut dire : universel. Du moins, il voulait le dire à l'origine. Mais, au cours des âges, le mot « catholique » a pris une signification plus profonde. C'est presque un mot magique. Et je dis que ce mot, il faut le supprimer du *Credo*, pour un plus grand bien, c'est-à-dire l'union avec les protestants.

En plus, il faudra que chaque catholique fasse l'effort de rechercher ce qui pourrait faire plaisir aux protestants, étant bien entendu que la Foi et le Credo ne sont pas en cause, ne le seront jamais. Toujours diriger les esprits vers une plus grande charité, une plus grande fraternité.

Ne jamais parler de Dieu, mais de la grandeur de l'homme. Transformer petit à petit le langage et les mentalités. L'homme doit passer en premier. Cultiver la confiance en l'homme qui prouvera sa propre grandeur en fondant l'Église universelle où viendront se fondre toutes les bonnes volontés. Faire ressortir que la bonne volonté de l'homme, sa sincérité, sa dignité ont beaucoup plus de valeur qu'un Dieu toujours invisible.

Montrer que le cadre de luxe et d'art qui enveloppe les églises catholiques et orthodoxes est en horreur aux protestants, aux juifs et aux musulmans. Suggérer que ce cadre inutile vaut la peine d'être supprimé pour un plus grand bien.

Exciter un zèle iconoclaste. Les jeunes doivent démolir tout ce fatras : statues, images, reliquaires, ornements sacerdotaux, orgues, cierges et lampes, vitraux et cathédrales, etc. etc. ne sera bon également qu'une prophétie soit lancée dans le monde entier qui dise :

— « Vous verrez les prêtres mariés ! et la messe en langue vulgaire. »

Je me souviens avec joie d'avoir été le premier à dire ces choses en 1938.

La même année, je poussai les femmes à demander le sacerdoce. Et je préconisai une messe, non pas paroissiale, mais familiale, dite à la maison, par les père et mère, avant chaque repas.

Les idées me venaient en foule, toutes plus exaltantes les unes que les autres.

Comme je finissais de transcrire en code tout ce programme, mon ami m'informa que le religieux lui rendrait visite le lendemain.

J'avais arrêté ma ligne de conduite et pensais arriver à modifier le verdict de cet homme, un être assez simple et peu cultivé.

Il ne parut pas surpris de me voir arriver. Mon ami avait dû essayer de le faire parler, mais en vain, car il me fit un petit signe convenu entre nous.

Je ne me décourageai pas, mais attaquai avec douceur cet homme certainement intègre. Je lui fis remarquer qu'il commettait presque un assassinat en me refusant la prêtrise. Et j'insistai pour savoir les motifs de cette attitude.

Mais il me répondit qu'il n'avait pas de motifs, que simplement le Seigneur lui donnait des lumières sur les âmes, et que la mienne n'était pas propre à entrer dans le sacerdoce. J'avoue que je m'énervai. Cette réponse n'en était pas une. Mais je finis par croire qu'il ne mentait pas. En vérité, il n'avait aucun motif précis pour me rejeter dans le néant, excepté une espèce de flair tout ce qu'il y a de peu scientifique. Le plus énorme, c'est qu'il ne paraissait pas du tout conscient de la gratuité de son action. Il semblait nager en pleine magie.

Je l'informai que j'étais décidé à me présenter ailleurs. Il me répondit, avec son sourire angélique, que j'avais tort de m'obstiner. Je lui dis que je serais capable de lui ôter la vie si ce geste pouvait me faire entrer au séminaire. Il me répondit qu'il le savait. Là, je fus vraiment stupéfait. Et nous restâmes un long moment à nous regarder. Puis, il reprit la parole pour dire :

— « Vous ne savez pas ce que vous faites. »

J'avoue qu'à cet instant, j'aurais voulu fuir à l'autre bout du monde. Cet homme avait un pouvoir que je ne m'expliquais pas.

Mais mon ami me fit un signe. Il sentait que je faiblissais. Et moi, je savais que tout serait fini pour moi si je désobéissais aux ordres de l'oncle. Je devais moi-même faire disparaître cet obstacle. Ma valeur, pourtant visible, devait être confirmée par ce geste d'obéissance et de courage.

Alors je me levai et provoquai la mort sans blessures. Les hommes de ma valeur avaient tous eu la chance de subir un entraînement spécial dont les précieux secrets nous venaient du Japon. À cette époque-là, peu de personnes, en Occident, avaient conscience d'être fort ignorantes des possibilités extraordinaires qu'offre le corps humain, aussi bien pour la défensive que pour l'attaque, et même le meurtre, à mains nues. Quoique Russe, je reconnais qu'en ce domaine (et peut-être en d'autres) les Japonais sont des as.

Je ne crois pas qu'à l'époque de mes études, beaucoup de pays européens, ou même américains, enseignaient des méthodes à la fois vraiment esthétiques et efficaces pour se battre avec ou sans mise à mort, mais toujours à mains nues.

Je suis fier d'être un des premiers adeptes de ces arts martiaux et d'autant plus qu'ils répondent pour le Russe que je suis à un culte national pour la danse. Ils m'ont permis, en plusieurs occasions, de me défendre sans donner le spectacle d'un animal balourd et préhistorique.

Ayant donc provoqué en deux gestes rapides (mais nécessitant un long entraînement) la mort sans blessure de celui qui avait eu l'audace presque comique de se dresser face au marxisme-léninisme (en d'autres termes face à l'avenir) je rentrai paisiblement chez moi. Le décès serait normalement signalé. Cause : arrêt du cœur.

Le lendemain, mon corps était couvert de petits boutons. J'étais furieux, car c'était un signe de faiblesse, signe que mon foie n'avait pas supporté cette tension. Stupide.

Puis, je me félicitai, car mon père crut que je souffrais vraiment de ne pas entrer au séminaire et prit la peine d'aller plaider ma cause auprès de l'évêque. Avec succès

Chapitre VI

Où l'anti-apôtre commence effectivement son travail et ressent une haine toute spéciale pour la soutane

Je me préparai donc ouvertement à entrer au séminaire. Et ma mère guérie fit pour moi des achats inconsidérés quand la bombe éclata, sous forme d'un télégramme, m'appelant à Rome avec la mention : « *Pour une nouvelle affectation.* » Je fis semblant de ne rien comprendre. Ma mère se remit à pleurer et je poussai un grand soupir de soulagement quand je quittai le pays de mon enfance. J'espérais bien n'y jamais revenir.

À Rome, j'eus des conversations fort intéressantes avec un professeur qui serait le mien quand j'aurais reçu la prêtrise. Il faisait partie de notre réseau. Il était très optimiste.

Il s'était spécialisé dans l'Écriture Sainte et travaillait à une nouvelle traduction de la Bible en langue anglaise. Le superbe est qu'il avait choisi pour unique collaborateur un pasteur luthérien. Ledit pasteur, du reste, n'était plus très d'accord avec sa propre église qui lui paraissait vieillotte. Cette collaboration, bien entendu, restait secrète. Le but des deux hommes était de débarrasser l'humanité de tous les systèmes qu'elle s'était donnés par le truchement de la Bible, et surtout du Nouveau Testament.

Ainsi la virginité de Marie, la présence réelle dans l'Eucharistie, et la Résurrection devaient, selon eux, être mis entre parenthèses, pour aboutir à une toute simple suppression. La dignité de l'homme moderne leur paraissait valoir ce prix.

Le professeur m'apprit aussi une façon raisonnable de dire la messe, puisque dans six ans, je serais bien obligé de la dire. En attendant une modification profonde de toute cette cérémonie, lui ne prononçait jamais les paroles dites de la consécration. Mais, pour ne pas être soupçonné, il prononçait des paroles presque semblables du moins quant à la terminaison des mots. Il me conviait à en faire autant.

Tout ce qui assimilait cette cérémonie à un sacrifice devait être, petit à petit, supprimé. L'ensemble ne devait représenter qu'un repas pris en commun, comme chez les protestants. Il assurait même qu'il n'aurait jamais dû en être autrement. Il travaillait aussi à l'élaboration d'un nouvel Ordinaire de la Messe et me conseilla d'en faire autant, car il lui paraissait tout à fait souhaitable de présenter au monde un nombre très varié de messes. Il en fallait de très brèves pour les familles et les petits groupes, de plus longues pour les jours de fêtes, encore que selon lui, la vraie fête pour l'humanité travailleuse est la promenade dans la nature. Il pensait qu'on arriverait facilement à considérer le dimanche comme un jour consacré à la Nature.

Il me dit que ses travaux ne lui laissaient pas le temps de méditer les religions juive, musulmane, orientale et autres, mais que ce travail-là avait une grande importance, peut-être plus grande que sa nouvelle traduction de la Bible. Il me conseilla vivement de rechercher, dans toutes les religions non chrétiennes, ce qui exalte le mieux l'homme et d'en faire la propagande.

J'essayai de l'inciter à parler des autres prêtres et séminaristes affiliés comme moi au Parti, mais il prétendait n'en presque rien savoir.

Il me donna cependant l'adresse d'un Français, professeur de chant, installé dans la ville où je me rendrais pour étudier pendant six ans des sciences profondément ennuyeuses. Il m'assura que je pouvais avoir toute confiance en cet homme, qu'il me rendrait tous les services les plus délicats, comme par exemple de me permettre d'avoir des costumes civils chez lui, à condition que je le paye largement.

Bien entendu, il me fit aussi visiter Rome et m'apprit toutes sortes de légendes sur les saints les plus vénérés dans cette ville. Il y avait là de quoi les rayer du calendrier, ce qui était aussi un de nos objectifs. Mais nous savions l'un et l'autre qu'il faudrait peut-être plus de temps pour tuer tous les saints que pour tuer Dieu.

Un jour que nous nous reposions à la terrasse d'un café, il me dit :

— « Imaginez cette ville sans une seule soutane, sans un seul costume religieux, masculin ou féminin. Quel vide ! quel merveilleux vide ! »

C'est à Rome que je saisis l'importance énorme de la soutane. Et je me jurais qu'elle disparaîtrait de nos rues et même des églises, car on peut bien dire la messe en veston.

Ce petit jeu qui consiste à imaginer les rues sans soutanes devint chez moi un réflexe.

J'y gagnai une haine toujours grandissante pour ce bout de chiffon noir.

Il me parut que la soutane avait un langage muet, mais combien éloquent !

Toutes disaient, aux croyants comme aux indifférents, que l'homme ainsi voilé s'était donné à un Dieu invisible et qu'il prétendait tout-puissant.

Quand je fus moi-même obligé d'endosser cette robe ridicule, je me promis deux choses : d'abord comprendre le pourquoi et le comment des vocations sacerdotales chez les jeunes garçons, et secundo : d'insuffler à ceux qui la portaient le pieux désir de l'enlever pour mieux atteindre les indifférents et les ennemis. Je me promis de donner à ce motif toutes les apparences du plus grand zèle. Du reste, cela est relativement facile. J'eus plus de difficultés à saisir la naissance de la vocation chez les jeunes garçons.

Cette naissance était si simple que je pouvais difficilement la croire vraie.

Mais il semble exact que des jeunes garçons, entre 4 et 10 ans, quand ils connaissent un prêtre sympathique, ont envie de lui ressembler. Et là, je compris mieux ma haine pour la soutane. Car ces jeunes garçons n'auraient pas senti la réelle ou imaginaire puissance du prêtre, s'il ne se désignait pas lui-même par une vie différente de celle des autres gens. Le costume était une de ces différences et même on peut dire que le costume endossait toute la doctrine de celui qui s'en revêtait à tout jamais. Il y avait pour moi comme un mariage entre un dieu décrit comme tout-puissant et ces hommes manifestant à chaque pas leur don et leur séparation. Plus je méditais ces choses, plus j'étais en colère. Mais j'étais aussi très reconnaissant à la vie de m'avoir fait passer mon enfance et même mon adolescence dans une famille très catholique, car je crois que la valeur de mon apostolat à rebours venait de là. Je savais qu'à cause de mes expériences passées, je serais le mesure des agents et, par conséquent, que j'étais destiné à devenir le grand patron de cette œuvre salutaire.

Et je me sentis autorisé à me réjouir à l'avance, car les jeunes garçons, quand ils rencontreraient des prêtres vivant comme tout le monde, n'auraient plus du tout envie de les imiter. Ils devraient aussi regarder « tout le monde » et cela va loin. Le choix des hommes vraiment imitables serait si grand !...

De plus, ces nouveaux prêtres, étant d'une église largement ouverte à tous, ne se ressembleraient pas. Ils n'auraient pas du tout le même enseignement. Comme ils ne pourraient jamais s'entendre entre eux, du moins sur le plan théologique, ils n'auraient chacun qu'une toute petite audience. Et comme ils auraient toujours peur du collègue vivant dans l'arrondissement voisin… Bref, ils ne pourraient s'entendre que sur des questions philanthropiques. Et Dieu serait mort, c'est tout. Au fond, ce n'est pas difficile et je me demande pourquoi personne n'a encore employé cette méthode. Il est vrai que certains siècles sont plus favorables que d'autres à l'éclosion de certaines fleurs.

Mes débuts au séminaire furent des plus heureux. Ma position d'enfant unique et très chéri d'une riche famille préférant la séparation à la guerre me rendit intéressant. Chacun voulait manifester sa sympathie au courageux Polonais. La gloire de Dieu m'importait plus que celle de mon pays. Quelle sainteté ! Je laissais dire avec modestie.

Je m'étais promis d'être le premier en tout et il en fut ainsi. Ma connaissance des langues vivantes était vraiment prodigieuse. Cela du reste est commun aux Orientaux. Je travaillai le latin et le grec avec acharnement. J'étais aussi très musicien et fus autorisé à suivre des leçons particulières de chant avec mon ami français. Ce séminaire n'était pas du tout sévère. La formation du caractère y était moins poussée qu'en Europe.

Je brillai aussi dans les compétitions sportives mais ne montrai pas mes connaissances spéciales dans le combat corps à corps, connaissances venues tout droit du Japon.

Bref, tout allait si bien que je m'ennuyais et cherchais l'action d'éclat qui pourrait me rendre vie. Je ne trouvais rien de mieux que d'aller me confesser à celui de mes professeurs qui paraissait le plus attiré par ma personne.

Chapitre VII

Où le héros essaye de mettre à l'épreuve le secret de la confession

Je me confessai donc à un noble vieillard, celui que nous appelions « yeux bleus » avec une tendresse certaine. Même moi, je me laissais parfois prendre au charme de son regard d'enfant. C'est pourquoi je le choisis pour cette expérience. Pour moi, il s'agissait de voir comment il allait se débrouiller pour respecter le secret de la confession tout en l'utilisant pour essayer de me faire renvoyer.

Je ne pensais pas qu'il y eût du danger pour moi, car je pourrais toujours nier. En plus, j'étais le premier partout, donc très bien noté. J'étais visiblement le plus intelligent de toute la boutique.

Je priais donc « yeux bleus » de bien vouloir m'entendre en confession et je lui racontais tout, du moins l'essentiel, que j'étais communiste, attaché aux services secrets ; section de l'athéisme militant, que j'avais assassiné un religieux polonais qui prétendait que je n'avais pas la vocation...

Chose étrange, « yeux bleus » me crut tout de suite. J'aurais pu pourtant inventer toute cette histoire. Il eut le réflexe banal de me parler en premier lieu de mon salut éternel. Je faillis éclater de rire. S'imaginait-il que j'avais le moindre atome de foi ?

Je fus obligé de bien lui expliquer que je ne croyais ni à Dieu ni à diable. Une telle confession était probablement toute nouvelle pour lui. Je faillis le plaindre.

Il me dit donc :

— « Qu'espérez-vous en demandant d'entrer dans les Ordres ? »

Et c'est en toute franchise que je précisais :

— « Détruire l'Église de l'intérieur. »
— « Vous êtes bien prétentieux », *me répondit-il.*

Je me fâchais presque et fus content de lui dévoiler que nous étions déjà plus de mille, séminaristes et prêtres. Il me répondit :

— « Je ne vous crois pas. » — « À votre aise, mais je porte le numéro 1025 et, même en supposant que quelques-uns soient morts, je peux dire que nous sommes un millier. »

Il y eut un long silence et c'est d'une voix assez sèche qu'il me demanda :

— « Qu'espérez-vous de moi ? »

Il m'était assez difficile de lui répondre que j'avais seulement voulu m'amuser en cherchant à savoir comment il se débrouillerait avec le secret de la confession. Je lui dis simplement :

— « Je suppose que vous allez essayer de me renvoyer ?. »
— « Vous renvoyer ! N'êtes-vous pas le plus brillant de nos élèves et un des plus pieux ? »

C'est moi qui ne savais plus trop quoi répondre. Je lui dis pourtant :

— « Est-ce que vraiment ma confession ne vous éclaire pas sur ma réelle personnalité ?. »

Il me dit :

— « La confession a été instituée par Notre-Seigneur Jésus-Christ pour le bien des âmes, la vôtre n'est donc d'aucune utilité. »
— « Même pas pour mieux me comprendre ? »
— « Même pas, puisque lorsque vous aurez quitté ce lieu, j'aurai tout oublié. »
— « Vraiment ? »
— « Vous le savez très bien puisque vous étudiez parmi nous.. »
— « Je le sais théoriquement, mais comment pourrais-je le savoir pratiquement ? »
— « Ainsi, *me répondit-il*, voilà le but réel de cette Incroyable confession ? »
— « Peut-être. »

— « Si vous avez un autre but, vous feriez mieux de me le dire. »

— « Non, *lui répondis-je gentiment*, je veux vous étudier, vous, c'est tout. »

Il eut l'air de réfléchir, puis me dit :

— « Entreprise vaine, il ne se passera rien du tout. »

— « Rien du tout, ...vraiment ? »

— « Rien du tout, vous le savez. », *et il parti, me laissant tout penaud.*

Le lendemain, le condisciple, qui se croyait mon ami parce qu'il m'aimait, me dit tout bas :

— « "Yeux bleus" a prié toute la nuit à la chapelle. »

J'observais le vieux professeur, il n'avait pas l'air d'avoir passé une nuit blanche. Mais, pendant qu'il ronronnait son cours, moi je méditais sur cette nuit qui fut peut-être une imitation de l'agonie du Jardin des Oliviers.

« Yeux bleus » avait dû prier pour que cette coupe s'éloigne de lui. Mais il n'était au pouvoir de personne de supprimer cette confession. Il me paraissait même absolument impossible pour lui de l'oublier.

Il avait dû demander ou que je me convertisse ou que je parte. N'avait-il pas cherché comment il pourrait provoquer mon départ ? Et chaque fois que cette idée revenait, il devait crier intérieurement :

— « Mais non, puisque je ne sais rien. »

Que pouvait-il dire contre moi qui ne fût pas du domaine de cette confession ? Rien, tout simplement. Je ne me serais pas confessé si je n'avais pas toujours donné une image du parfait séminariste. Ne savait-il pas, le pauvre vieil homme, qu'un communiste est prêt à tous les sacrifices ? Tous ces gens-là s'imaginent volontiers que seuls les chrétiens font des sacrifices.

Les jours suivants, j'observais attentivement « Yeux bleus » et le trouvais toujours semblable à lui-même. Il était aussi calme, aussi doux, aussi « bleu » pourrais-je dire.

Au fond, j'avais un faible pour lui et faillis m'en accuser en écrivant à l'oncle. Puis, je décidai de ne rien raconter de cette histoire de confession. Là-bas on ne m'aurait pas compris.

Plusieurs mois après, je fus de nouveau pris du désir de me confesser aux autres professeurs. Au fond, j'étais prodigieusement agacé par la monotonie de ma vie et par le fait que je paraissais plaire à tout le monde. Un peu de bagarre m'aurait fait du bien.

Je me confessai donc successivement à tous les professeurs, m'amusant ensuite à les imaginer ruminant cet horrible secret.

Mais je ne pus jamais comprendre comment ils purent supporter le fardeau de ma présence parmi eux et la vision de tout le mal que je pourrais faire.

Cependant, certains jours, j'étais délicieusement inquiet. J'avais besoin de ce stimulant. Je m'imaginais qu'ils se débrouilleraient quand même pour m'empêcher de recevoir les ordres. Alors, je redoublais de zèle. Mes sermons étaient des modèles, des petits chefs-d'œuvre. J'avais d'autant plus de mérite que je devais assurer, en plus, la bonne marche de notre action anti-religieuse dans le monde entier.

Heureusement, l'oncle avait compris qu'il ne fallait pas me demander de coder mes travaux. J'avais seulement à fournir un projet par semaine. Je regorgeais d'idées et ce travail ne me coûtait pas, au contraire, il était ma joie et mon soutien.

Vers l'époque où je jouais avec la confession, un point de doctrine me fut particulièrement sensible, je veux parler de la « sainte vertu d'obéissance » (comme ils disent).

Cette obéissance concerne tout particulièrement le Pape. Je retournais le problème dans tous les sens, sans pouvoir le comprendre.

Je fus donc obligé de demander à nos services de veiller à ce que la confiance que les catholiques témoignent au Pape soit discrètement ridiculisée chaque fois que possible. Je n'ignorais pas que je demandais là quelque chose de très difficile. Et pourtant, il me parut primordial d'inciter les catholiques à critiquer le Pape.

Quelqu'un fut donc chargé de surveiller attentivement tous les écrits du Vatican afin de déceler même des tout petits détails susceptibles de déplaire à une catégorie quelconque d'individus. Peu importe la qualité de ceux qui critiquent le Pape, l'important est uniquement qu'il soit critiqué. Et l'idéal serait qu'il déplût à tout le monde, c'est-à-dire aux réactionnaires comme aux modernistes.

Quant à la vertu d'obéissance, elle est une des principales formes de cette Église. Je pensai l'ébranler en cultivant le remords. Que chacun s'imagine bien être responsable de la division actuelle de la chrétienté. Que chaque catholique fasse son *mea culpa* et cherche comment il pourrait effacer quatre siècles de mépris envers les sectes protestantes.

Je pouvais aider cette recherche en précisant tout ce qui choque les protestants et en suggérant un peu plus de charité. La charité a ceci d'avantageux qu'on peut lui faire faire n'importe quelle bêtise.

À cette époque-là, je craignais encore que ma méthode ne fût percée à jour et que beaucoup y voient une façon astucieuse de tuer Dieu.

La suite des événements prouva que j'avais tort d'avoir cette crainte. Et pourtant, un proverbe français dit que le mieux est l'ennemi du bien. En l'occurrence, personne ne vit jamais que mon amour fraternel pour les protestants aboutirait à détruire tout christianisme.

Je ne veux pas, du reste, dire que les protestants n'ont pas la foi (ou toutes sortes de « fois » variées) et que mes services n'ont pas à s'occuper d'eux. Mais je les excite en leur montrant qu'il ne faut surtout pas qu'ils se convertissent au catholicisme, que c'est au contraire l'Église Romaine qui doit marcher vers eux.

Et même à l'annonce du Concile (ce Concile qui me remplit de joie par avance) je lançais sur le monde qui les reçut bouche bée : un ordre et une prophétie.

D'abord la prophétie : Dieu, par un grand miracle, un miracle tout à fait spectaculaire (les gens adorent ça) allait faire lui-même l'unité des chrétiens. C'est pourquoi il ne fallait pas que les hommes s'en occupent autrement que par une grande disponibilité, une disponibilité très charitable. Autrement dit, il fallait que les catholiques lâchent du lest, afin de permettre à Dieu de manifester son grand miracle au milieu des cœurs purs.

Pour les catholiques de ce temps, le cœur pur devait être celui qui s'emploie par n'importe quel moyen à faire plaisir aux protestants.

L'ordre était très simple aussi : défense absolue aux protestants de se convertir au catholicisme. Et cela me tenait fort à cœur, car les conversions avaient atteint un rythme accéléré.

Je fis préciser partout que le grand miracle ne pourrait pas avoir lieu si les catholiques continuaient d'accepter des conversions protestantes.

Je fis nettement savoir qu'il fallait laisser à Dieu la liberté de ses mouvements. Et je fus écouté, et je fus suivi. C'est moi qui faisais des miracles et non pas leur Dieu.

J'en frémis de joie encore aujourd'hui. Cela me paraît être une de mes plus belles réussites.

Chapitre VIII

Où l'ambitieux qui se croyait plus fort que tout rencontre les cheveux noirs et s'effraie de sa première faiblesse

Au bout de deux ans de séminaire, je me demandais sérieusement si j'allais pouvoir continuer. La volonté qui s'exerce solitaire n'est pas toujours suffisante, et j'étais bien jeune pour me nourrir de ma seule haine.

Cependant, je voyais cette haine augmenter ; et, d'abord réservée à Dieu, elle s'étendait maintenant à tout mon entourage. S'ils avaient pu deviner à quel point je les détestais ! Aujourd'hui encore, je m'admire d'avoir pu le supporter.

Bien sûr, je suis et reste un solitaire. Si la chaleur communautaire ne m'est pas indispensable, par contre, des petites oasis de chaleur humaine manquaient à ma jeunesse.

En fait, je n'avais que mon professeur de chant, ce Français que j'allais voir tous les samedis. En certains points, nous nous comprenions à demi-mot, mais il ne connut jamais la réalité de ma mission dans toute son ampleur. Le merveilleux était que, chez lui, je pouvais vraiment me détendre. Sans lui, je n'aurais peut-être pas eu la force de résister. Heureusement que ceci ne sera jamais publié car ce n'est pas un bon exemple pour mes camarades.

J'avais aussi reçu l'ordre d'accepter certaines invitations mondaines. Elles venaient sans que je sache pourquoi ni comment. J'étais donc obligé d'obéir. Je n'osais jamais écrire à l'oncle pour lui demander l'utilité de ces occupations mortellement frivoles. Du reste, il connaissait mon dégoût pour ce genre de choses et m'avait déjà dit qu'il serait bon pour moi de connaître les usages du monde. Admettons, mais je n'y fis jamais la moindre découverte utile.

Un soir, que j'étais à une grande réception particulièrement brillante, mon regard s'arrêta sur un profil de jeune fille et tout ce qui l'entourait s'évanouit, y compris mes propres sens.

Elle avait un long cou, plus penché que la tour de Pise, un très gros chignon noir que j'aurais voulu défaire et un profil à la fois puéril et volontaire. Je la regardais, le souffle coupé. Nous étions comme seuls tous les deux, bien qu'elle ne me vît pas. Je lui criais intérieurement de tourner très légèrement la tête afin que je puisse lui voler son regard, mais elle n'en fit rien.

Je ne sais pas combien de temps dura mon extase, mais je fus ramené sur terre par un jeune inconnu.

Il avait tout compris, peut-être mieux que moi-même. Il avait du cœur puisqu'il me dit :

— « Voulez-vous que je vous présente à Mademoiselle X... ? »

Il me connaissait sous mon nom, mais me prenait pour un étudiant d'Université. Dans toutes ces mondanités, personne ne pouvait me prendre pour un séminariste.

Un peu plus tard, cet obligeant jeune homme me présenta aux cheveux noirs (je ne lui donnerai jamais d'autre nom). J'avais retrouvé mon calme, grâce à de discrets exercices de respiration. Cependant, j'étais un homme différent, totalement différent. Un centième de seconde avait suffi.

Pendant cette soirée, je ne cherchais pas à comprendre ce qui m'arrivait. J'étais bien trop occupé à me délecter de ces sentiments nouveaux.

Je parlai quelques instants avec les cheveux noirs, instants pendant lesquels je ne pus la manger toute entière. Car ce qui dominait en moi, c'était le désir de prendre cette jeune fille là pour moi tout seul, et de la cacher dans une petite maison, loin de tout, une petite maison où elle ferait profession de m'attendre.

Elle avait d'immenses yeux noirs qui vous regardaient avec un sérieux presque gênant. Et quand elle fut invitée à danser, je dus serrer mes mains derrière mon dos pour ne pas tuer celui qui l'emportait dans ses bras. La danse est une invention diabolique. Je ne comprends pas comment un homme peut supporter que son épouse danse avec un autre.

Je la regardais valser, sa robe était merveilleuse mais mes yeux étaient comme hypnotisés par son cou penché qui semblait se présenter docilement à la hache du bourreau. Je ne sais pas pourquoi cette jeune fille me paraissait destinée à mourir de mort violente. Ce sentiment augmentait la fureur avec laquelle j'aurais voulu l'arracher à tout ce monde-là. Que faisait-elle au milieu de tous ces imbéciles ? Et que faisait-elle dans la vie ?

Il fallait que j'aboutisse à ceci, qu'elle ne veuille rien faire d'autre que m'attendre.

N'importe quel moyen serait bon pour atteindre ce but. Elle m'appartenait, c'est tout.

Mais elle partit avec un couple âgé que je ne connaissais pas. Je devenais enragé. Comment faire pour la revoir ?... Elle ne prenait pas garde à moi, sauf peut-être à la dernière seconde où son regard s'arrêta sur le mien. Que voulait-il dire ce regard-là ? Débrouillez-vous pour me revoir ?... peut-être... en tout cas, je ne me préoccupais pas outre mesure de ce qu'elle pouvait penser. J'avais pris la décision de diriger ses pensées, car je considérais qu'elle m'appartenait pour toujours. Qu'elle ne fût pas d'accord n'aurait été qu'un défi pittoresque.

Je savais son nom et rien d'autre. Je chargeai mon professeur de chant de la retrouver. Cette histoire l'amusait prodigieusement. Il me disait même :

— « Ainsi, vous allez vous humaniser. »

Je ne comprenais pas ce qu'il pouvait trouver d'inhumain en moi et en fus même un peu vexé. Il ne voulut pas s'expliquer.

Ses démarches furent longues et je dus me calmer en travaillant avec un zèle décuplé.

C'est pendant ces journées là que je lançai sur le marché (pourrait-on presque dire) le programme qui permettrait aux catholiques d'être acceptés par les protestants. Jusqu'à ce jour, les catholiques avaient trop espéré un retour du protestantisme dans le sein de la maison mère. Il était temps qu'ils perdent leur arrogance. La charité leur en faisait un devoir. Quand la charité est en jeu, je prétendais, en riant sous cape, que rien de mal ne peut advenir.

Je prophétisai donc avec assurance, afin que cela soit répété sur ce ton-là, la suppression du latin, des ornements sacerdotaux, des statuts et images, des cierges, des prie-Dieu (afin qu'ils ne puissent plus s'agenouiller). Et je fis faire une campagne très active pour la suppression du signe de croix. Ce signe n'est pratiqué que dans les églises romaines et grecques. Il est temps qu'ils se rendent compte qu'ils offensent les autres qui ont pourtant autant de qualités et de sainteté qu'eux. Ce signe, ainsi que les génuflexions, sont autant d'habitudes ridicules.

Je prophétisai également, et nous n'étions qu'en 1940, l'abandon des autels, remplacés par une table absolument nue, et l'abandon de tous les crucifix afin que le Christ soit considéré comme un homme et non comme un Dieu.

J'insistais pour que la Messe ne soit qu'un repas communautaire où tous seraient invités, même les incroyants. Et j'arrivai à cette prophétie : le baptême, pour l'homme moderne, est devenu une cérémonie ridiculement magique. Qu'il soit par immersion ou non, le baptême doit être abandonné en faveur d'une religion adulte.

Je cherchais le moyen de supprimer le Pape, mais je n'en trouvai jamais la possibilité. Tant qu'on ne dirait pas que le jeu de mots du Christ : « *Tu es Pierre et sur cette pierre, Je bâtirai Mon Église* », fut inventé par un Romain zélé (et du reste, comment le prouver, il ne suffisait pas que ce fût possible…) un Pape serait toujours au pouvoir.

Je me consolais en espérant que nous arriverions bien à le rendre antipathique. L'important est de crier contre lui chaque fois qu'il fait du nouveau et même quand il ne fait que relancer l'ancien trop dur à supporter.

En plus, tout ce qui est permis chez les protestants, même si c'est dans une seule secte, doit être autorisé chez les catholiques. Ainsi le remariage des divorcés, la polygamie, la contraception et l'euthanasie.

L'Église universelle devant accueillir toutes les religions et même les philosophes incroyants, il était urgent que les églises chrétiennes renoncent à leur décorum. J'invitais donc à un immense balayage.

Tout ce qui excitait le cœur et l'esprit à rendre un culte à un Dieu invisible devait être impitoyablement supprimé. Il ne faut pas croire que j'ignorais, comme certains que je ne nommerai pas, la puissance des gestes et de tout ce qui parle aux sens.

Un esprit un petit peu réfléchi aurait vu que je supprimais tout ce qui est aimable dans une religion par ailleurs assez sévère, leur laisser la sévérité était une assez belle astuce.

Je glisserais en secret que ce Dieu cruel pourrait bien être d'invention humaine. Un Dieu qui enverrait Son Fils unique Se faire crucifier !!!

Mais je devais faire attention à ce que ma haine ne transperce pas dans mes écrits. Il fallait qu'elle gagnât en douceur et comme à regret.

Comme je me grisais de ces ordres et prophéties, mon professeur de chant me fit appeler au téléphone. Il avait trouvé et m'invitait pour le soir même à un concert où je pourrais la revoir. Heureusement que j'obtins facilement l'autorisation de sortir. J'avais une très belle voix et les gens d'église ont toujours ménagé les musiciens.

Je la revis…, encore plus belle que la première fois. Si belle, si belle,… comment ne pas devenir fou ?

Elle voulut bien accepter de venir prendre une tasse de thé le samedi suivant chez mon professeur de chant. Je prétendis habiter un centre universitaire.

Mon professeur de chant se prénommait Achille et me demanda, comme nous attendions ensemble les cheveux noirs, de l'appeler : oncle Achille. Je compris qu'il voulait me donner par là l'illusion d'avoir une famille. Je lui en fus assez peu reconnaissant, car son attitude me révéla qu'il espérait me voir songer sérieusement au mariage.

Comment pouvait-il avoir des pensées aussi absurdes !… C'est donc qu'il sentait mon absence de vocation sacerdotale, mais n'avait absolument pas deviné la puissance et le sérieux de ma vocation socialiste.

À la réflexion, je vis que cette incompréhension, signe de ma force de caractère et de la qualité de mon jeu, ne pouvait que faciliter mes desseins. Pour être un vrai grand homme, il est très avantageux de paraître moyen et même endormi, Ceux qui se pavanent devant les foules ne sont pas ceux qui tirent les vraies ficelles.

Mes « cheveux noirs » parurent se plaire chez l'oncle Achille. J'étalai tout ce que mon tempérament slave avait de plus charmeur. Personne ne m'avait appris ce jeu-là, mais je constatai qu'il est instinctif. Je dois dire que j'y eus un énorme mérite. La femme de mes rêves portait ce jour-là une robe bleue toute simple et n'avait qu'un seul bijou : une grande médaille de la Vierge, dite médaille miraculeuse.

Mes yeux revenaient tout le temps sur cet objet et s'y brûlaient, j'aurais voulu pouvoir le lui arracher et le jeter par la fenêtre.

Chapitre IX

Où un zèle anti-religieux voudrait bien entraîner les cheveux noirs dans son sillage

Je dus me rendre à l'évidence, j'étais tout simplement amoureux pour la première fois ; amoureux comme un pauvre type dont l'intelligence ne domine pas les instincts. Je ne vis qu'un remède : un zèle toujours plus grand pour la défense et l'avancement de la grande cause du prolétariat.

C'est à cette époque que je lançai ma grande campagne de dialogue biblique. Il s'agissait d'exciter les catholiques à une lecture assidue et réfléchie de la parole de Dieu, en insistant bien sur le libre examen pratiqué depuis quatre siècles par les protestants. Je montrais que cette liberté avait abouti à nous donner plusieurs générations d'êtres vraiment adultes et maîtres de leurs vies.

Par ce moyen très pieux, j'excitais donc les catholiques à secouer le joug du papisme et les protestants à se faire les maîtres de cette génération nouvelle.

En donnant aux protestants cette position dominante je devais aussi les affaiblir, sans que leur orgueil leur laisse la liberté de le deviner. Cet affaiblissement viendrait tout naturellement de l'émulation entre les diverses sectes. Dans cet exercice, les catholiques ne pourraient pas jouer le rôle d'arbitres, car ils seraient uniquement préoccupés par le désir de se réformer eux-mêmes. Ce fut un jeu d'enfant de les persuader qu'ils devaient à la fois opérer un retour aux sources et une modernisation éclatante.

Je suggérai que le zèle pour nous donner, en toutes langues, de nouvelles traductions bibliques en style vraiment moderne ne devait pas s'endormir. Là aussi, je pus constater une vive émulation. Je ne parlai même pas de l'aspect financier du problème, mais le nombre des nouvelles traductions permet de constater que cet aspect n'a pas échappé à la vigilance des hommes d'Église.

La modernisation de la parole de Dieu permit souvent d'en atténuer l'intransigeance. Et ceci se faisait tout naturellement. Chaque fois qu'un mot paraissait d'un usage peu courant et risquait donc d'être incompris, on cherchait à le remplacer par un mot tout à fait simple… bien entendu toujours au détriment du sens profond. Comment oserais-je m'en plaindre ?

Ces nouvelles traductions facilitèrent en outre les dialogues bibliques sur lesquels je fondais de grands espoirs. Car ces dialogues devaient aboutir à renvoyer les hommes d'Église ailleurs, n'importe où, pour laisser aux laïcs la liberté de se montrer enfin adultes.

Je préconisai aussi des rencontres bibliques interconfessionnelles. C'était là mon vrai but, encore qu'il pourrait peut-être se dépasser par l'examen bienveillant du Coran et de quelques livres orientaux.

Pour oublier les cheveux noirs, je préparai moi-même plusieurs séances de dialogues bibliques en soulignant les divers aspects de certains problèmes clefs.

Un de mes dialogues préférés, concernait le Pape, car ce personnage est vraiment un obstacle pour moi. Quand je dis : « *Ce personnage* », je veux dire aussi les textes sur lesquels il s'appuie. Ces textes sont aussi gênants pour moi que pour les chrétiens séparés (comme ils disent).

Je suis très reconnaissant à celui qui a pensé que le verbe « prévaloir » était devenu incompréhensible à l'homme moderne et l'a remplacé par le verbe « pouvoir. » Au lieu de :

« Les portes de l'Enfer ne prévaudront pas contre elle » (l'Église), *il a donc écrit* : « les portes de l'Enfer ne pourront rien contre elle. »

Cela facilite énormément mes réunions de dialogues bibliques, du moins dans les pays francophones. Chacun s'aperçoit rapidement que cette prophétie qui prétend que l'Enfer ne peut rien contre l'Église est absolument fausse, et chacun respire, car ainsi s'envole cette croyance séculaire en une divine protection qui, en définitive, soutiendrait toujours les efforts des catholiques (sous-entendu : jamais ceux des hérétiques !)

J'aime aussi beaucoup lancer mes dialogues dans le labyrinthe de l'Ancien Testament.

La Genèse à elle toute seule peut suffire à rendre fou un honnête homme.

Plus je vieillis, plus je constate que seules la foi du charbonnier et la foi de l'enfant peuvent survivre en un monde où l'intelligence prime tout. Et même, je me crois autorisé à poser cette question : y a-t-il encore des charbonniers, et surtout : y a-t-il encore des enfants ?

Il semble qu'aujourd'hui, à tout le moins dans la race blanche, l'enfance soit morte en naissant et soit remplacée par de petits adultes, assez inquiétants, je dois dire. Je ne sais pas si je dois m'en réjouir.

Que la foi y perde est bien, mais ma foi à moi va-t-elle y gagner ?

Plusieurs points d'interrogation...

Peu après ma troisième rencontre avec les cheveux noirs, la France, son pays, fut envahie par les soldats d'Hitler et sembla n'avoir opposé qu'une résistance fictive.

À cette occasion, j'écrivis une fort belle lettre à mon amie si fière en cherchant à la consoler.

Elle accepta de faire un tour à la campagne avec moi. Elle avait une voiture prêtée par son oncle. En effet, elle était ici en séjour chez un frère de son père, mais toute sa vraie famille était restée en France, justement en zone occupée.

Elle aurait voulu rentrer, réflexe bien humain et qui me ravissait. J'aimais cette fierté et ce besoin de se dépasser. Que j'aurais voulu en faire ma collaboratrice ! Cependant, je n'osais pas aborder le problème de la Foi, ni même simplement les problèmes politiques. La médaille qu'elle portait encore aujourd'hui, en cette quatrième rencontre, mettait un monde entre nous deux.

Comme nous prenions le thé dans un établissement charmant, qui paraissait réservé aux amoureux, un couple nous fit un petit signe d'amitié discret mais qui me remplit d'inquiétude. L'homme était le frère d'un de mes condisciples. J'avais été invité dans sa famille et il me connaissait bien. Comment aurait-il pu oublier que j'étais séminariste ? Il ne fallait pas l'espérer. La jeune fille qui l'accompagnait était une cousine des cheveux noirs.

J'étais furieux et mon amie le remarqua. Elle m'offrit de me présenter à son oncle et à sa tante afin que je puisse venir tout tranquillement et naturellement la voir chez elle, ou plutôt chez eux. J'avais envie de demander : à quel titre ? Fiancé ? Comment pourrais-je lui dire que je la voulais pour moi tout seul, mais ne l'épouserais jamais ? Non, j'étais rivé au célibat catholique afin de sauver la cause du prolétariat.

Si elle avait pu comprendre mon idéal, c'eût été merveilleux, mais je n'osais même pas effleurer le problème. Et pourtant, j'aurais pu alors aller la voir chez elle. Il aurait suffi qu'elle acceptât un rôle effacé.

Elle vit que je n'étais pas enthousiasmé à l'idée d'être présenté à sa famille et en prit ombrage. Ce ne fut pas une première dispute, mais un premier malentendu grave.

Je n'avais pas assez d'argent pour louer un appartement, ni même un studio. Le parti n'a jamais admis le gaspillage, car c'est un grave défaut bourgeois.

Ce jour-là, nous faillîmes nous séparer froidement. L'un et l'autre nous sentions que des forces inconnues se liguaient contre nous et notre amour naissant. Il n'était pas besoin de parler pour sentir tout cela.

En plus, je me demandais si elle n'était pas poussée uniquement comme tant d'autres jeunes filles, par le désir de se marier. Désir légitime évidemment, et que je ne lui reprocherais pas, mais, en l'occurrence, désir très funeste.

Je lui dis donc adieu avec une subtile froideur et sans avoir prévu la prochaine rencontre. Elle me répondit avec un petit tremblement, puis s'éloigna lentement. Je restai sans bouger, les yeux fixés sur ce cou blanc qui s'inclinait sous le poids de cheveux trop lourds et aussi de pensées trop tristes.

Comme j'étais toujours immobile, elle se retourna et me regarda. Une dizaine de mètres nous séparaient. Alors je vis cette merveille : elle revenait… très lentement, les yeux dans mes yeux, elle revenait, elle ME revenait…

Quand elle fut tout près de moi, elle leva lentement ses mains et les posa sur mes épaules. Elle continuait de me regarder et je ne bougeais toujours pas. Alors, elle continua son geste en approchant ses lèvres de mes lèvres.

C'était la première fois que j'embrassais une femme.

Chapitre X

Où une simple médaille se permet de jouer un rôle comme si elle avait un droit quelconque sur les hommes qu'elle rencontre

Heureusement que j'avais loué dès le début une boîte postale dont l'oncle Achille avait la clef. Une boîte postale est très utile pour pouvoir refuser, sans en avoir l'air, de donner sa véritable adresse. Quelques jours après ce baiser, dont le souvenir me réveillait toutes les nuits, je reçus une lettre merveilleuse des cheveux noirs.

Elle me disait : pour que je puisse continuer sérieusement à peindre, mon oncle m'a loué un petit atelier. Je vous y attends samedi pour le thé.

À cette époque, j'abandonnai le chant et passai tous mes samedis après-midi à l'atelier. Mon amie fit même un portrait de moi. Je dois à la vérité de dire qu'elle avait un réel talent et que j'étais rempli d'orgueil par la façon magistrale dont elle avait représenté ma personnalité.

Au travers de ce portrait, je voyais mieux ce que j'étais pour elle. Sans mentir, j'étais bien plus que le prince charmant. J'étais beaucoup plus conquérant, beaucoup plus viril, avec peut-être une pointe secrète de cruauté.

Je lui demandai comment elle voyait mon caractère et si réellement elle me supposait des défauts secrets assez inquiétants.

Elle parut indignée. Je lui dis :

— « Pourtant, ce portrait révèle un esprit conquérant, orgueilleux, avec une pointe secrète de cruauté. »

Elle fut abasourdie et me dit que j'avais trop d'imagination et qu'au contraire, elle avait voulu représenter ce que j'étais pour elle, c'est-à-dire l'homme idéal… et comment un homme idéal pourrait-il avoir des défauts secrets ? Je lui demandai alors quels étaient mes défauts apparents puisque je n'en avais pas de secrets. Elle me répondit avec une étonnante prescience que c'était un certain goût pour la tour d'ivoire.

Pour me faire pardonner, je l'assurai, et c'était là pure vérité, qu'elle était toujours avec moi dans ma tour d'ivoire. Elle me répondit qu'elle n'en doutait pas, mais que c'était une présence que moi seul pouvait saisir et qu'elle ne ressentait, elle, qu'une absence. Comment concilier mon désir de l'avoir tout à moi et celui de ne pas pouvoir être tout à elle.

Elle me demanda quel était l'obstacle qui m'empêchait d'être disponible et transparent. J'hésitai un long moment, puis jouai le tout pour le tout en lui montrant la médaille qu'elle portait autour du cou.

Elle me regarda avec un profond étonnement. « N'avez-vous pas la Foi ? » demanda-t-elle tout simplement. Je dis : « Non », sans autre commentaire. Elle me pria d'expliquer l'effet que la médaille me faisait. Je lui répondis :

— « Elle est un obstacle en ce sens qu'elle représente quelque chose que nous ne pourrons jamais aimer ensemble. »

Comme elle réfléchissait, j'insistai disant :

— « De plus, elle a l'air de se mettre exprès entre nous deux, afin que nous ne puissions jamais être l'un à l'autre. »

Alors, elle enleva la médaille et me la tendit.

Je la mis dans ma poche me demandant ce que j'allais en faire. Je pense qu'elle était en or. J'aurais voulu la faire fondre pour y graver autre chose, mais c'était impossible.

Par ce geste, elle avait uni nos deux destinées, d'une façon bien étrange. Elle eut la délicatesse de ne pas me demander ce que j'allais faire de cette médaille.

Les jours suivants, j'eus cependant des inquiétudes à ce sujet. J'eus la tentation de me renseigner sur cet objet qui portait le qualificatif de « miraculeux. » Non pas que je puisse croire que cet ornement eût la faculté de faire des miracles. À mon avis, personne ne fait de miracles. Ceux qui sont racontés, ou bien sont inventés, ou bien s'expliqueront scientifiquement plus tard.

Cependant, je lus que cette médaille était réputée pour avoir souvent ramené des incrédules à la Foi. Je ne croyais pas à la réalité de ce fait, ni même à sa possibilité, bien entendu, mais je craignais que ma si tendre amie n'eût cet espoir au cœur, ce qui détruisait pour moi le geste de me donner, de me sacrifier la médaille. Dans cette nouvelle optique, elle n'aurait pas fait de sacrifice, bien au contraire. Étais-je stupide à ce point ? N'était-ce pas stupidité que d'être tourmenté à ce sujet ?...

Quelques mois plus tard, comme nous étions tous les deux penchés sur ses derniers croquis devant un feu de bois favorisant l'apaisement, je lui posai doucement la question.

— « Ne m'avait-elle pas donné sa médaille dans l'espoir de me convertir, n'étais-ce pas juste le contraire d'un sacrifice ? »

Elle se blottit dans mes bras et me répondit :

— « Je ne mens jamais, bien sûr, je veux que ma médaille opère votre conversion, je le lui demande soir et matin, ainsi que plusieurs fois dans la journée, peut-être tous les quarts d'heure, mon pauvre chéri... »

Je ne savais quoi répondre. Je ne craignais rien de cette médaille et de ces prières, c'était pour moi pur enfantillage ; cependant, j'en souffrais comme d'une défaite. Car, de mon côté, je voulais de toutes mes forces, et sans médaille, l'avoir pour collaboratrice.

Était la guerre entre nous ? Plus j'y réfléchissais, plus je voyais que la logique veut que ce soit l'homme qui gagne, du moins dans un amour aussi fort et brûlant que le nôtre.

Mais je ne dis rien de semblable. Cependant, je savais qu'elle ne pourrait être à moi que lorsqu'elle penserait comme moi. Non pas par orgueil, mais parce qu'il me fallait lui expliquer pourquoi je ne pourrais jamais l'épouser. Si elle avait eu mes idées et si elle avait voulu m'aider dans ma mission, elle aurait, je pense, accepté de vivre maritalement et très secrètement avec moi. Car non seulement, je ne pourrais jamais me marier, mais il fallait que je parusse tout à fait sage.

Un soir d'hiver, comme je tirais les rideaux pendant qu'elle servait le thé, je crus me piquer à une épingle oubliée dans le gland. Je regardai de plus près, il s'agissait d'une toute petite médaille, en fer blanc, je suppose, et dont l'anneau un peu grossier avait un défaut qui piquait. C'était la même médaille, en tout petit. Quand je me retournai, elle me regardait. Elle avait compris.

— « Ainsi, le rideau a aussi besoin d'être converti », *lui dis-je avec amertume.* — « Ne soyez pas absurde et méchant », *me répondit-elle.* –« C'est justement parce que je ne suis pas absurde que je voudrais comprendre ce que vous espérez de ce talisman. »

Elle se fâcha et devint même toute rouge.
— « Ce n'est pas un talisman. »
— « C'est quoi alors ? »
— « Un acte de foi. »
— « Foi en quoi ? »
— « Pas en quoi, en qui… En Elle, la Mère de Jésus-Christ. » (si je mets des majuscules, c'est parce qu'elle parlait comme avec majuscules).

Je ne voulus pas pousser plus avant cette vaine discussion.

Je me tus. Elle reprit d'une voix très basse :

— « Il ne faudrait pas croire que le métal ou le bois ou le papier ont la moindre importance. Je sais que c'est cet aspect du problème qui vous choque. En fait, une médaille n'est qu'une façon simple d'extérioriser la Foi et non seulement de l'extérioriser, mais de l'augmenter. D'avoir toujours cette médaille sur moi, ainsi que dans la maison où je travaille, m'incite à prier plus souvent Celle qui me donna Jésus-Christ. »

Ainsi, elle ne m'avait pas vraiment sacrifié sa médaille. Elle en possédait d'autres. À cet instant, je ne sais pas ce qui me retint de la violer. Elle ne saura jamais près de quoi elle est passée.

Il y eut un long silence. Je tremblais d'énervement. J'aurais voulu crier ma haine. Je dis seulement :

— « Vous êtes à moi et je ne peux pas supporter que vous aimiez quelque chose plus que moi. »

— « Comme vous êtes étrange ! Cela ne peut pas se comparer. Tout ce qui est religieux s'inscrit dans un domaine différent. Ce n'est ni affaire d'intelligence, ni affaire de cœur. »

— « C'est quoi alors ? » *demandai-je avec impatience. Elle répondit doucement :* — « L'immense domaine du surnaturel. » — « Connais pas. » — « Je m'en doute », *dit-elle avec son sourire auquel je ne sais pas résister.*

A-t-elle conscience de me dominer uniquement par son sourire ? À certains moments, il me semble qu'il n'y a rien d'autre que cette emprise étrange. Son sourire est lent. On a le temps de le voir venir. Les lèvres s'entrouvrent avec beaucoup de douceur et tant de lenteur qu'on se demande chaque fois s'il va vraiment s'épanouir jusqu'au bout. Quand la lumière des dents apparaît, on se sent tout réjoui et, quant à moi, je n'ai plus qu'à m'abandonner au bienfait de toute cette tendresse lumineuse.

Ce que je fis en cet instant où j'avais bien besoin d'un réconfort calmant.

Alors, elle posa la question la plus étrange qui fut, elle me dit :

— « Pourquoi ne voulez-vous pas m'épouser ? »

Je n'avais jamais dit que je ne voulais pas. Mais les cheveux noirs semblaient avoir un certain don divinatoire. Un don qui parfois me faisait peur. Que savait-elle réellement de moi ?

Je lui répondis :

— « Je ne désire pas me marier, mais je ne peux pas vous dire pourquoi. »

Elle eut un petit soupir et me dit :

— « Est-ce parce que je crois en Dieu ?. »

Les femmes sont étranges, elles peuvent passer de la puérilité à la divination. Ma mère était ainsi.

Je lui répondis :

— « Un couple doit avoir les mêmes amours. C'est, en effet, le plus grand obstacle. »

Elle me sourit de nouveau en me disant :

— « Je n'aimerai jamais que vous. »

Chapitre XI

Où le travail destructeur semble faire de grands progrès tout en se heurtant à des obstacles ridiculement puérils

À cette époque, je fis preuve d'une grande énergie pour détruire le culte marial. J'insistai beaucoup sur la peine que les catholiques et les orthodoxes font aux protestants en perpétuant leurs multiples dévotions à la Vierge Marie.

Je fis remarquer combien les chers frères séparés étaient plus logiques et plus sages. Cette créature humaine dont nous ne savons presque rien devient, chez nous, en quelque sorte, plus puissante que Dieu (ou, à tout le moins, plus gentille).

En l'occurrence, je pris la défense des droits de Dieu avec beaucoup d'amusement.

Je mis en vedette le fait que beaucoup de protestants croient que Marie eut d'autres enfants après Jésus. Croient-ils à la virginité pour la naissance de ce premier enfant ? Cela est difficile à dire. Du reste, en tout, il est difficile de déterminer les croyances exactes de ces différents christianismes. En fait, chacun croit ce qu'il veut. Cependant, il est relativement facile de savoir ce qu'ils détestent.

Je préconisai donc la suppression du chapelet et des nombreux jours de fête réservés à Marie. Mon livre de messe en comptait vingt-cinq. On peut y ajouter certaines fêtes régionales. Sans parler de la destruction totale des médailles, images et statues. Beaucoup de travail en perspective, mais qui en valait la peine.

Cependant, je ne voyais pas comment je pourrais supprimer Lourdes… et Fatima… et quelques autres lieux de moindre importance. Pour Lourdes, c'est terriblement ennuyeux. C'est là une plaie ouverte dans le cœur des protestants. Jamais l'Église universelle ne pourrait solidement s'implanter tant que ce lieu de pèlerinage drainerait quelques millions d'individus de toutes races, tous les ans.

Je fis faire une étude spéciale du phénomène Lourdes, mais ce long travail ne me servit pas à grand chose. Tout juste puis-je faire ressortir qu'il y avait une assez sérieuse différence entre les témoignages primitifs. L'un parlait de Bernadette évanouie et poursuivie par l'apparition jusqu'au lieu où elle se reposait, un moulin si ma mémoire est bonne. L'autre niait ce fait. L'enfant elle-même ne le reconnaissait pas. On pouvait dire qu'elle avait oublié, mais cela ne faisait pas très sérieux. Je déteste une propagande qui reposerait sur des mensonges. Je sais très bien que le mensonge est permis par le Parti, quand un plus grand est en jeu, mais pour ma part, je préfère la dignité. Je me sens plus fort. Je sens même que je dépasse ceux de mon parti qui ont usé du mensonge. Je crois qu'il est toujours possible de s'en tirer en ne jouant qu'avec la vérité. Il suffit de savoir interpréter l'aspect utile de chaque vérité. Ainsi, je peux dire que ma mission s'articulait entièrement sur cet ordre du Christ :

« Aimez-vous les uns les autres. »

Simplement, je dirigeais les regards charitables de toute l'Église sur les chrétientés dites hérétiques. En m'écoutant ils désobéissaient aux Apôtres, mais n'en avaient généralement pas connaissance.

Une autre difficulté est que pour détrôner Marie, il aurait fallu supprimer Noël. Or Noël est devenu une fête de la joie même pour les incroyants. Ces gens-là ne sauraient même pas expliquer pourquoi, ni comment. Il faut seulement constater que la paix et la joie sont des biens très désirables.

Du reste, il est consolant de remarquer que si Jésus de Nazareth n'est pas Fils de Dieu, sa mère n'a plus aucune importance. Il n'est même plus la peine de connaître son nom. Et pour qui voudrait continuer d'admirer, avec juste raison, la plus grande partie de l'enseignement moral de Jésus (celui que je taxe de révolutionnaire), il devient ridicule de vénérer l'enfance du dit Jésus. Qu'est-ce que ce petit bébé qui est né dans une étable ? Qu'est-ce que ça change ?

Il est à remarquer que si les chrétiens protestants ne croient généralement pas à la naissance virginale du prophète Jésus, sept cents millions de musulmans ont adopté ce dogme par l'intermédiaire de leur Coran. Ce qui, soit dit en passant, oblige la moitié de l'humanité à vénérer cette jeune femme… Vraiment très curieux…

Cependant, le plus curieux reste que les musulmans n'acceptent Jésus de Nazareth que comme prophète, et prophète moindre que leur Mahomet, né pourtant, lui, de façon tout à fait normale. La bizarrerie humaine n'a pas de limite.

Mais tout ceci renforce ma conviction que nier la virginité de Marie est le plus sûr moyen de transformer les chrétiens en disciples d'un homme, qui ne serait pas Dieu du tout. Qui ne voit combien il est utile, avant de tuer Dieu, de tuer Jésus de Nazareth ? Les évangiles et les épîtres, enfin tout le Nouveau Testament, deviennent parole d'homme et, bien entendu, chacun peut alors y prendre ce qu'il veut, critiquer ce qui ne lui plaît pas et nier ce qui est exagéré... Ce qu'il fallait obtenir...

Si, en Orient, les icônes représentent la principale dévotion à Marie et sont aujourd'hui, dans toute la Russie, cachées ou détruites, en Occident le chapelet est très populaire. Cette dévotion qui fait profession d'honorer quinze soi-disant mystères est à détruire avec énergie. Elle serait capable à elle toute seule de maintenir et propager la foi en un Dieu trine. Comme pour tout le reste, il sera nécessaire de donner mauvaise conscience à ceux qui usent du chapelet.

Tel est le résumé des ordres que j'envoyai dans le monde entier à l'époque où, dans ma chambre de séminariste, j'avais suspendu au portrait de celle que je ne pourrais jamais épouser la médaille dite miraculeuse. Chacun aurait pu penser que je demandais un miracle alors que je voulais me fortifier dans ma haine qui, cependant, n'était pas petite.

Le samedi suivant, les cheveux noirs ne purent pas me recevoir ; ils étaient justement partis pour un pèlerinage marial. Ma rage n'égalait que mon hilarité, car sûrement c'était pour ma conversion que la pauvre petite se donnait tout ce mal. J'allai cultiver ma voix que j'avais bien délaissée ces dernières semaines. Mon ami Achille en fut tout réjoui. Je ne pus m'empêcher de lui raconter toute l'histoire de la Médaille.

Je fus abasourdi par sa réponse. Il me dit :

— « Attention, tout ce qu'on dit sur cette Médaille est vrai. Si vous l'avez dans votre chambre, vous êtes en danger. »

Je lui demandai s'il avait la fièvre. Il prétendit que non, mais que la seule vue de cette Médaille le rendrait malade et qu'il n'en supporterait jamais la présence sans devenir fou.

Le cœur humain est un gouffre incompréhensible. Que mon vieux professeur, ardent communiste, pût tenir de tels propos m'inquiéta grandement. Pour la première fois de ma vie, je doutai de la réussite de ma mission. J'en fus affreusement malheureux et je mesurai alors que ce travail était mon unique raison de vivre, mon unique amour. Je le savais théoriquement, en ce jour je l'appris dans la souffrance de mon esprit révolté par la stupidité du cœur de l'homme.

Je voulus discuter, mais en vain. Achille me répondit :

— « Je ne crois à rien, ni à Dieu, ni à diable, encore moins à la Vierge Marie, mais j'ai peur de cette Médaille, c'est tout. »

— « Enfin, croyez-vous qu'elle puisse vous convertir ? »

Hurlais-je en le secouant par les épaules. Il me dit :

— « Bien sûr que non, j'ai peur, c'est tout. »

— « Mais ne voyez-vous pas la stupidité de cette peur ? Ne voyez-vous pas qu'il serait honorable pour vous de vaincre cette peur enfantine en plaçant la médaille bien en évidence dans votre maison ?.... »

Il ne répondit pas, j'insistai. Avec lassitude, il me dit :

— « Parlons d'autre chose. »

— « Non, j'irai jusqu'au bout de ce problème, car c'est l'avenir de l'humanité qui est en jeu dans ce que vous croyez être seulement une puérilité. Que deviendront les communistes si, comme vous, ils restent secrètement terrorisés par une icône ou une médaille ? Que deviendront-ils ? réfléchissez... »

Il ne voulait pas réfléchir. C'était donc à moi de le faire pour lui. Car à moi, il sera toujours impossible de rester passif devant une défaite. Toute difficulté m'excite et m'est bénéfique.

Devant son obstination, je partis en claquant la porte, mais je savais très bien ce que j'allais faire.

Le samedi suivant, avant d'aller retrouver les cheveux noirs, je passai chez Achille avec un marteau, un clou, la médaille et sa chaîne.

Sans lui permettre de discuter, j'allai dans sa chambre à coucher, je plantai le clou au-dessus de son lit, à la place où se trouve souvent le crucifix, et j'y pendis la médaille miraculeuse.

Le samedi suivant, Achille avait déménagé et je ne sus jamais ce qu'il était devenu.

Cette disparition fut une grosse gêne pour mes activités, du moins jusqu'à ce qu'Achille pût être remplacé.

En partant, il m'avait renvoyé la médaille, ainsi que la clef de la boîte postale.

Chapitre XII

Où il est question du catéchisme de l'an 2000 et d'un étudiant pauvre mais zélé

Cette année-là, je travaillai avec ardeur à la composition d'un nouveau catéchisme qui pourrait convenir à l'Église universelle, telle que je voulais la voir s'établir dans le monde entier.

Façonner l'esprit des jeunes enfants est une nécessité vitale pour toute doctrine qui se respecte. Enseigner l'athéisme dès l'enfance est important car le mystérieux des doctrines religieuses laisse une certaine nostalgie, sauf chez les êtres vraiment supérieurs dont je suis. Mais ce ne serait pas honnête de ma part de nier que bien des athées ne sont pas tout à fait francs avec eux-mêmes. Personne n'aime s'avouer ses faiblesses, c'est bien pourquoi il faut s'arranger pour ne l'être jamais. En plus, les forts doivent donner aux faibles, qui sont la majorité, un encadrement solide qui les empêche de trébucher.

Face aux doctrines religieuses, il est sage de considérer chaque homme comme un handicapé, du moins au vingtième siècle finissant. Il est tout à fait raisonnable d'espérer la guérison pour l'an 2000.

Un certain nombre de mots sont à bannir définitivement du vocabulaire humain et la meilleure méthode est de s'assurer que les enfants n'entendront jamais ces mots-là. C'est pourquoi il est beaucoup plus utile de composer un nouveau catéchisme que d'espérer une simple suppression de tout enseignement religieux. Non, ceci ne sera possible que dans deux ou trois générations. Pour le moment, il faut jouer avec le phénomène

« Église » = Assemblée de frères amis du monde entier. Ce catéchisme sera donc celui de cette amitié qui remplacera l'antique charité chrétienne. Le mot « **charité** » **est à bannir absolument et devra être remplacé par le mot** « **amour** » qui permet de garder les pieds sur terre et même de jouer, sans en avoir l'air, à toutes sortes de jeux ambigus.

Je dois dire que j'ai toujours et continue d'avoir un grand respect pour la puissance sous-jacente et même souterraine des jeux d'ambiguïté, quand ils sont entre des mains dignes d'eux.

Pendant que je préparais ce nouveau catéchisme, je notais tout ce qui doit être graduellement modifié ou supprimé dans l'enseignement actuel. Et j'avais le brûlant désir de faire partager mes convictions aux cheveux noirs.

Ce fut elle qui me facilita les choses en me décrivant son pèlerinage et les soi-disant « miracles accomplis » par la Sainte Vierge Marie.

Je lui expliquai que tous ces phénomènes religieux, quels qu'ils fussent, étaient le fruit de sa propre création. Elle nia avec véhémence. Je lui dis :

— « Tout ce que vous ne pouvez ni voir, ni sentir, est le résultat de votre création et je ne vois pas pourquoi cela vous fâche. »
— « Vous ne le voyez pas, parce que vous ne savez pas que toute ma foi m'a été révélée et vient du Ciel. J'aurais été bien incapable d'inventer tout cela. »
— « Vous ne l'avez pas inventé vous-mêmes, c'est juste, mais vous imitez vos ancêtres, c'est tout. »
— « Non, *me dit-elle*, c'est plus qu'une imitation. »

Je lui expliquai calmement que, par exemple, sa croyance en la présence réelle de Jésus-Christ dans l'Eucharistie opère cette présence dans la mesure de la force qui anime sa foi, mais que pour celui qui ne croit rien, il n'y a rien. Elle ne voulait pas l'admettre, et pourtant il était important pour moi que, à l'image des protestants, elle s'embarquât sur cette galère. Le but réel que je lui cachais soigneusement était la suppression de toute foi, mais il fallait la faire passer par ce stade intermédiaire.

Je lui démontrai par les évangiles et, notamment, par les guérisons opérées par le Christ, où la foi des malades est toujours exigée, que cette dite foi est, en réalité, celle qui opère la guérison.

Mais elle était têtue comme un enfant, prétendant que le Christ avait voulu réveiller la foi comme étant un plus grand bienfait que la guérison corporelle.

Je lui expliquai que rien de ce qui est religieux n'existe en dehors de la foi créatrice et que c'est pourquoi il était absurde de baptiser les bébés, qu'il fallait attendre la majorité et que même le baptême pourrait être un jour supprimé comme une action magique d'un passé un peu puéril.

Elle se mit à pleurer et me dit que nous devrions cesser de nous voir pendant un certain temps. J'étais tout à fait d'accord, car j'avais justement beaucoup à faire et je pensais, en plus, qu'une séparation pourrait la rendre plus docile, car les femmes supportent moins bien les chagrins que nous. Quant à moi, je tenais trop à elle et j'étais fier de prouver ma force.

J'obtins la permission d'assister à deux cours universitaires, ce qui me permit de naviguer dans ce milieu, sans dévoiler ma position de séminariste. Le directeur m'avait autorisé à m'habiller en civil chaque fois que je le jugerais nécessaire. Il paraissait même admettre que la soutane devenait un anachronisme. Nous nous comprenions à demi-mot, sachant bien que le prêtre moderne serait tout différent de ses prédécesseurs. C'est une banalité que de répéter qu'il faut savoir marcher avec son temps. Pour ma part, j'estimais alors que l'Église était fort retardataire. Il me paraissait facile de prouver que depuis le Concile de Trente, elle n'avait pour ainsi dire pas bougé ; et donc se devait de rattraper le temps perdu.

Il me fallut aussi remplacer Achille, car je ne pouvais pas aller moi-même à la boîte postale et je ne pouvais pas non plus coder ma correspondance, je n'en avais pas le temps. Il me fallait un homme sûr et, en pleine guerre, c'était difficile à trouver.

Enfin, je reçus l'ordre de me mettre en relations avec un professeur de l'Université, ce qui au premier abord me parut tout à fait pratique. Mais quand je vis le bonhomme, je déchantai.

J'ai un flair certain pour juger les gens. Celui-là puait la traîtrise. Je lui donnai cependant la clef de la boite postale, mais résolus d'en référer en haut lieu avant de lui donner mes travaux à coder.

Malheureusement, je reçus l'ordre d'avoir à obéir sans discuter.

Je me tourmentai beaucoup et pris la résolution de chercher un deuxième correspondant auquel je confierais exactement le même travail ; ainsi, il serait facile, du moins après la guerre, de faire des comparaisons.

J'en vins presque à espérer que mes soupçons fussent fondés, d'abord pour le plaisir d'avoir raison, mais surtout pour comparer la valeur de mes différents correspondants mis en présence de deux textes différents, sur le même sujet et portant la signature E.S.X. 1025. Le X signifiait seulement que j'étais un élève séminariste actif. Si le professeur était un traître, il se devait de n'apporter que des modifications prudentes à mes textes ; à moins qu'il ne croie pouvoir profiter de la guerre pour anéantir tout mon travail. Quoi qu'il en soit, j'avais eu raison de prendre un deuxième correspondant.

Je le découvris parmi les étudiants pauvres. Il était un peu exalté, mais son zèle me convenait. Je lui laissai entendre qu'il pourrait espérer un bel avenir parmi nous. Ce n'est pas l'habitude du Parti d'exciter l'égoïsme et l'avarisme de l'homme, mais je me devais de faire naître en ce jeune homme un calme prudent.

Quand j'eus mis tout cela bien au point, j'eus fortement envie de revoir les cheveux noirs.

Je pus constater que je tenais beaucoup plus à elle que je ne l'avais cru jusqu'alors. J'y tenais trop. Cela ne convenait pas à un communiste militant, encore moins à un futur grand patron du Parti. J'avais déjà accompli trois ans de séminaire, il n'en restait donc plus que trois autres. Ensuite, tout le monde était d'accord pour m'envoyer à Rome poursuivre des études supérieures. Puis, je deviendrais moi-même professeur, je pense. Probablement professeur de séminaire. Ce sont les postes-clefs de l'Église, ceux auxquels il est possible de former patiemment un clergé tout nouveau et qui n'aura de commun avec l'ancien que le nom.

Ma vie était donc toute tracée et je n'en désirais pas d'autre. Cependant, je devais m'avouer à moi-même qu'un grain de sable aussi puissant qu'un rocher s'était introduit dans l'engrenage. Si encore j'avais eu un caractère léger, j'aurais pu considérer les cheveux noirs comme une passade hygiénique. Mais je n'étais même pas son amant. Je ne voulais pas l'être, tant qu'elle ne partagerait pas mes plus chères convictions. Pour moi, l'union de l'homme et de la femme est totale ou n'est pas. L'union des cœurs et des esprits permet seule l'union des corps, sinon c'est de la prostitution.

Si les cheveux noirs avaient voulu adopter mes doctrines, j'aurais pu leur demander de me suivre à Rome et partout où je serais envoyé. Oui, j'aurais pu le faire…

Mais comment arracher de son esprit les puérilités qui l'encombraient ?

Je me trouvai dans la position absurde suivante, être l'homme qui s'employait à détruire toutes les religions du globe et n'arrivait pas à convaincre une petite jeune fille de vingt ans !

Je savais que j'aurais dû la quitter, je n'ignorais pas que l'oncle, dans sa Russie en guerre, ne serait pas content s'il savait tout cela. Et je pensais aussi que je n'étais pas surveillé aussi attentivement qu'en temps de paix.

Mais le comble de la douleur était qu'il y eût quelque chose que Moi je n'avais pas le courage de faire.

Chapitre XIII

Où le symbole des apôtres et les sept sacrements sont sévèrement censurés

En travaillant à mon nouveau catéchisme qui pourra s'appeler : Catéchisme de la religion de l'homme, je vis qu'il serait sage d'en préparer une série, en dosant chaque fois les modifications et restrictions afin d'habituer les esprits.

La première édition devait modestement supprimer deux points du Symbole des Apôtres. D'abord remplacer le mot « catholique » par « universel » qui veut du reste dire la même chose. Mais il est très important que ce mot de « catholique » ne vienne plus froisser les oreilles protestantes et ne vienne plus non plus inciter les fidèles de rite romain à se prendre pour des super-chrétiens.

Ensuite, supprimer carrément le culte des saints. Les saints doivent disparaître avant Dieu, encore qu'il soit peut-être plus facile de tuer

Dieu que ses saints. Pour le moment, je m'en tiens à ceci : supprimer d'abord tous ceux qui ne sont pas sérieusement prouvés ainsi que tous ceux qui n'ont pas eu de réel succès.

Supprimer aussi tous ceux qui ont aidé à lutter contre la réforme, car ce n'est pas une référence à l'époque actuelle, où l'unité tourmente tous les cœurs.

Plus tard, il sera même particulièrement astucieux de réclamer discrètement avec beaucoup d'onction et quelques larmes de crocodile, la réhabilitation, puis la béatification et même la canonisation des plus grands hérésiarques, particulièrement de ceux qui ont affiché une haine brûlante, dévorante et explosive pour l'Église de Rome. Il faudra d'abord lancer quelques ballons d'essai, avec Luther, par exemple, et si les catholiques ne réagissent pas, je veux dire, ne s'indignent pas, cette face de nos activités jouera son petit solo, avec prudence et modestie, à intervalles réguliers, puis de plus en plus rapprochés.

Supprimer ensuite le jugement, le ciel, le purgatoire et l'enfer. Cela est des plus facile. Beaucoup sont tout disposés à croire que la bonté de Dieu surpasse tout crime. Il n'y a donc qu'à insister sur cette bonté. Du reste, un Dieu dont on n'a plus peur deviendra vite un Dieu auquel on ne pense plus. Ce qu'il fallait obtenir.

Ensuite, on peut garder les dix Commandements de Dieu, mais supprimer les six Commandements de l'Église. Ils sont ridicules... ridicules...

Je me permets d'interrompre ici les mémoires de Michael parce que j'ai trop envie de parler. Je ne sais pas ce que l'éditeur en pensera. Peut-être prendra –t-il son gros crayon rouge et dira-t-il, en barrant mes « impertinentes » réflexions :

— « Cette femme sans talent s'imagine-t-elle que je vais la laisser mettre son grain de poivre au beau milieu d'un texte qui ne lui appartient pas ? »... Voilà ce qui se passera peut-être et nul autre que moi n'en aura connaissance.

Mais si le crayon rouge n'a pas encore sévi, je dois dire que je me sens responsable de cette publication et que les six Commandements de l'Église qui nous ont abandonnés, sous prétexte de nous laisser la noble liberté de nous sanctifier selon nos goûts, ont eux aussi une lourde responsabilité, si tant est qu'il soit permis de s'exprimer ainsi.

Je n'aime pas me plaindre, je n'aime pas ceux qui se contentent de gémir et je n'aime pas non plus ceux qui ont une âme d'esclave (enfin, je veux seulement dire que je ne me sens pas attirée par ces catégories de gens) mais les six Commandements de l'Église étaient des amis. Croire qu'on leur obéissait, en imaginant qu'on y gagnerait ainsi automatiquement une éternité de félicités surnaturelles, est tout de même presque insultant.

— III —

*Mais moi, qui ne suis qu'une petite infirmière, habituée à se taire, je voudrais quand même dire que les ecclésiastiques de ce siècle semblent chercher à se rendre antipathiques. Pourquoi ?.. C'est ce que je ne saurais deviner. Mais il est un fait, universellement connu, et c'est qu'ils cherchent à nous imposer toutes leurs inventions, comme si elles procédaient d'un amour purement surnaturel pour leurs très chers et bien-aimés fidèles. Ainsi, nous aurions ressenti nous, les fidèles, nous, les moutons, de secrètes douleurs en voyant nos chers prêtres exercer leur ministère au pied d'un autel assez élevé et donc éloigné de nous, avec cette circonstance aggravante (pour nous) qu'ils nous tournaient le dos. C'est curieux, mais ils n'ont jamais deviné que nous savions parfaitement bien qu'ils parlaient à Dieu, en notre nom, bien sûr. Non, ils se sont attendris, (car il n'y a pas que les femmes qui soient roublardes) ils se sont attendris sur notre isolement et nos chagrins secrets **et ils sont d'abord descendus, à hauteur de la table de communion, et ce uniquement les jours de très grande fête**. Le résultat fut que, ces jours-là, seuls les quatre premiers rangs voyaient quelque chose. Et c'est alors, mais alors seulement, que tous les autres rangs se sentirent délaissés.*

Puis, ils installèrent une simple table au bas des marches, et l'ancien autel fit rapidement figure de vestige d'un passé puéril et trop ostentatoire qu'il est nécessaire de démolir, en ce siècle où l'homme est tout près d'être déifié.

Le Saint-Sacrement ne pouvant être conservé sur une table, ils le reléguèrent généralement dans un petit trou rapidement creusé dans un des murs de côté.

Quelquefois ils le gardèrent dans ce qui fut le tabernacle et qui devint une petite armoire débarrassée de tout ce qui l'entourait. Ceux-là disaient la Messe et autres offices en tournant le dos au Saint-Sacrement (ce qui fut autrefois sévèrement défendu). Mais ils nous regardaient, nous, et nous pouvions les contempler tout à notre aise et c'était, paraît-il, beaucoup plus important, surtout quand ils avaient besoin de se moucher.

Sur la nouvelle table dite d'autel, et dont personne ne sait si elle fut bénite et si elle recèle une relique de martyr (comme le veut un usage constant) ils placèrent un petit crucifix. Puis, ils s'aperçurent enfin que ce doux Christ en croix nous tournait le dos et ne regardait qu'eux ; alors, ils le supprimèrent, ainsi que les cierges et autres accessoires indignes d'un siècle aussi scientifique. C'était leur façon de collaborer à ce qu'il est convenu d'appeler « la mutation » et qui désigne tout changement notable ou pas, le plaçant par cette dénomination hautement savante sur un piédestal que personne jamais n'osera contester.

Toujours en se penchant paternellement sur nos besoins spirituels, les ecclésiastiques de ce siècle firent d'autres découvertes. Ayant donc remarqué que les protestants (auxquels ils vouent une affection toute particulière) ne s'agenouillent pas dans leurs temples, ils en conclurent que nous devions désirer en faire autant, mais pour un tout autre motif, car nous n'étions pas encore mûrs pour cultiver le désir d'imiter les protestants, mais nous devions certainement souhaiter d'être invités à imiter nos prêtres qui ne s'agenouillent pas en célébrant la messe. Aussi choisirent-ils quelques jeunes collègues et leur donnèrent-ils toute puissance sur nous ainsi qu'un ou plusieurs micros. Ce fut l'époque où nous eûmes à subir :

« – Assis, – debout ; – assis, – debout », à longueur de messe, comme des ordres militaires claquant à tous les échos et détruisant en plus toute velléité d'humble et douce prière… – Assis, – debout « …car on ne va pas à la messe pour prier », ont-ils clamé, à cette époque là. En quelque dix années, nous fûmes dressés et nos dompteurs peuvent maintenant se reposer.

Il semble même qu'ils aient pris goût au repos, car leurs dernières inventions illustrent bien ce diagnostic.

En premier lieu, ils ont multiplié les concélébrations où un seul homme se dévoue pour prononcer toutes les paroles de la messe, choisissant, du reste, généralement et par charité, je pense, envers ses collègues qui attendent le mot « fin » avec une impatience bien camouflée, choisissant dis-je le canon le plus bref, puisque nos messes ont maintenant donné aux trois lectures bibliques une primauté d'honneur, bien que notre culture ne nous permette pas d'en comprendre la dixième partie, et au sacrifice proprement dit (si tant est que beaucoup croient encore accomplir un sacrifice) un minimum de temps avec un maximum de bruit. Ces concélébrations permettent à tous les autres ecclésiastiques présents, qui ont rapidement revêtu une aube blanche sur leur pantalon, leur chemisette ou leur polo, de ne prononcer que les quelques paroles de la consécration, le bras tendu (ce qui, je crains, doit les fatiguer un peu) ces concélébrations leur permettent donc de rêvasser pendant tout le reste de la cérémonie.

Pour flatter les laïques et ainsi les rendre dociles à de nouvelles futures inventions, les lectures de l'Ancien Testament et des Épîtres sont bien souvent lues par quelque petit jeune homme ou quelque notable qui ne savent pas articuler, ou même par une jolie gamine toutes cuisses dehors.

J'espère que l'éditeur et les lecteurs voudront bien pardonner à une infirmière qui a pourtant l'habitude de se dominer, ces quelques lignes où tout homme de cœur lira la souffrance qui les a dictées. Encore pardon et je rends la parole à celui qui fut l'agent secret d'une cause qui s'efforce de pousser la barque de Pierre vers le naufrage.

À propos de la suppression des commandements de l'Église, en profiter pour exalter le chrétien devenu adulte et qui sait très bien que Dieu est trop immense pour se préoccuper de nous voir manger ou non de la viande le vendredi,

Quant à la confession annuelle, il sera bon de la remplacer par une cérémonie communautaire où un prêtre énumérera les crimes les plus courants contre les classes les plus humbles, car c'est vers ces péchés-là qu'il faut orienter les esprits. La confession privée est une perte de temps. Bien au contraire, la cérémonie que j'imagine conditionnera les esprits et donnera des fruits excellents. Mais elle nécessite un clergé bien formé.

Quant à la messe obligatoire du dimanche, il faut bien faire remarquer que l'homme moderne a besoin de grand air et de verdure, qu'il est tout à fait souhaitable qu'il puisse aller à la campagne le samedi et le dimanche. Ainsi, ceux qui tiennent à un culte ou une messe hebdomadaire pourront être autorisés à choisir le vendredi au lieu du dimanche, le vendredi soir conviendrait bien, sauf pour ceux qui partent dès ce soir-là pour la campagne, alors on leur permettra de choisir le jeudi. En définitive, ce qui doit primer, c'est que chacun suivra sa conscience. Cette méthode inventée par les protestants et qui consiste à obéir à sa conscience est des plus excellentes. Elle permet de ne pas donner d'ordres, qui risquent de choquer certains, mais de les remplacer pas des suggestions variées, qui laissent le jeu du libre arbitre.

Bien entendu, il faudra supprimer tout ce qui concerne la vie surnaturelle et la grâce. Ce sont là des notions fort dangereuses.

La prière, donc l'oraison dominicale, sera momentanément gardée. Mais il serait très astucieux d'obliger les catholiques à tutoyer Dieu sous le charitable prétexte d'adopter en tous pays pour la traduction en langue vulgaire, une version conforme à celle des protestants. Ce sera manière aimable de nous faire pardonner quatre siècles d'arrogance. Si ces traductions nouvelles déplaisent aux plus pieux, comme il est assez facile de le prévoir, ce sera tout bénéfice.

Ensuite, viennent les sept sacrements qui sont tous à réviser, d'autant plus que les protestants n'en ont généralement que deux.

Tous les chrétiens, de toutes dénominations, ont gardé le baptême, mais, pour ma part, c'est le sacrement que je voudrais voir disparaître en premier. Cela me paraît relativement facile. C'est un sacrement trop enfantin. Presque aussi enfantin que le signe de croix et l'eau bénite. Je commencerai par décider qu'il ne se donnerait qu'aux adultes et seulement à ceux qui croiraient ne pas pouvoir s'en passer. Je vois d'ici tout ce qu'un homme intelligent pourra sortir de cette formule. Vraiment je ne sais pas d'où je sors tout ce que j'invente, mais je suis un homme de génie.

Je sens le génie me sortir par tous les pores de la peau.

Bien entendu, il faut absolument supprimer l'idée que le baptême efface le péché originel, ce péché-là est une pure invention littéraire ; l'histoire d'Adam et Ève ne se racontera que pour en rire.

Il faudra dire que le baptême est simplement une marque d'appartenance au christianisme universel. Préciser que tout le monde peut le donner, mais que tout le monde peut s'en passer. Profiter de l'occasion pour chanter un couplet aux saintes âmes qui vivent dans les religions non chrétiennes. Ceci donne mauvaise conscience, excellent.

Bien entendu, le sacrement de confirmation, qui prétend donner le Saint-Esprit et ne peut être administré que par un évêque, est à supprimer énergiquement. Cette attitude permettra de **dénoncer le dogme de la Trinité** comme offensant pour les juifs et les musulmans, ainsi que pour certaines sectes protestantes assez récentes.

Il ne sera donc plus nécessaire de fabriquer du Saint-Chrême le Jeudi saint. Tout ceci sentait trop la magie.

Il faudra faire remarquer que la foi peut très bien se passer de cérémonie ou autres manifestations extérieures, et que dans ce cas, elle est même plus noble. Bien insister aussi sur les vertus éminentes que l'on peut rencontrer chez les païens, les juifs, les musulmans et les communistes, car j'ai remarqué qu'un catholique a bien souvent honte de penser qu'il y a plus de saints chez lui que chez les autres.

Quant au sacrement dit de Pénitence, il faudra le remplacer par une cérémonie communautaire qui ne sera que un examen de conscience dirigé par un prêtre bien formé, le tout suivi d'une absolution générale, comme dans certaines églises protestantes. Les prêtres modernes seront débarrassés de ces interminables heures de confession, ainsi que du fardeau que cela représente.

En écrivant cela, je ne puis m'empêcher de penser à mes malheureux professeurs de séminaire, tous décédés à l'heure où j'écris, et qui portèrent jusqu'à la mort, chacun pour soi devant son Dieu, la connaissance inutile du danger que je représentais pour l'avenir de l'Église.

Ces confessions communautaires pourront avoir lieu deux fois par an, à Pâques et à Noël. Certains jeunes prêtres seront dressés à dominer ces foules par une solide formation socialiste. Car il s'agira, au travers d'un examen détaillé des péchés sociaux, de diriger les esprits vers le marxisme.

Les motifs de la contrition seront uniquement le manque de justice envers tous les autres. Il faudra bien faire admettre que le chrétien est un homme qui a confiance en l'homme. Chacun se posera donc cette question : les autres peuvent-ils avoir confiance en moi ?

Dieu sera passé sous silence dans cette cérémonie qui ne portera plus le nom de sacrement (car c'est aussi un mot qui doit disparaître du vocabulaire).

Bien entendu, on ne parlera plus du tout des indulgences. Personne, du reste, n'en connaîtra l'exacte signification.

Quant au sacrement d'Extrême-Onction, il faudra lui trouver un autre nom. On ne pourra pas le supprimer dès le début de notre réforme, puisqu'il concerne les grands malades une telle mesure ne serait pas populaire mais il faudra veiller à ce que la notion de vie éternelle, de jugement, de paradis, purgatoire ou enfer soit remplacée par le seul désir de guérir. À l'usage, on s'apercevra que le médecin n'a pas besoin d'un prêtre pour l'aider dans ses fonctions de guérisseur.

Cependant, je choisirais volontiers la dénomination de sacrement des malades, et pour éviter que l'idée de vie éternelle ne paraisse, il faudra offrir ce sacrement même aux maladies légères. Du reste, je ne me fais pas de souci à ce sujet, tous ces sacrements disparaîtront très facilement. Les gens n'ont plus le temps.

Quant au sacrement d'Ordre qui donne le pouvoir d'exercer les fonctions ecclésiastiques, il faudra le garder, c'est évident.

Dans notre Église universelle, nous aurons besoin de prêtres qui seront les dispensateurs de la saine doctrine sociale.

Ils pourront établir des fêtes, en se servant du folklore par exemple, car le peuple en a besoin. Mais ces fêtes seront entièrement pour l'homme, sans aucune référence à un dieu quelconque.

Le mariage n'est pas un sacrement inutile, à condition de n'être qu'une fête de famille. Il faudra balayer ces coutumes qui veulent qu'en certains pays retardataires, le mariage religieux, c'est-à-dire catholique, soit l'unique forme de mariage valable. Non, le mariage civil doit être le seul exigé. Ainsi, cette Église bassement autoritaire ne pourra plus interdire le divorce et le remariage des divorcés. Je sais bien que le Jésus de Nazareth a parlé dans ce sens, mais j'ai déjà dit ailleurs qu'il fallait savoir choisir dans son enseignement ce qui convient à l'homme moderne. L'indissolubilité du mariage est une exigence qui fait fi du bonheur de l'homme. Et ceux qui parlent du bien de l'enfant ignorent que l'enfant sera encore beaucoup mieux quand il appartiendra à l'État.

Et bien entendu, le sacrement de mariage ne sera pas refusé aux prêtres qui le demanderont, pas plus que le sacrement d'Ordre ne sera refusé aux femmes.

Chapitre XIV

Où il est démontré comment une église universelle devrait chanter la gloire de l'homme

Avant de procéder à l'étude approfondie du sacrement d'Eucharistie, j'envoyai mon travail à l'étudiant ainsi qu'aux cheveux noirs.

L'étudiant fut tellement enthousiasmé qu'il me contacta un jour à l'Université pour me remettre une série d'articles. En rougissant, il souhaitait mon appui pour être publié dans une bonne revue. En principe, nous n'aurions pas dû nous parler en public, mais je pensais qu'en raison de la guerre, je pouvais prendre des initiatives. Discuter ouvertement avec l'étudiant, échanger des documents ne présentait aucun danger. J'étais d'autant plus à mon aise que, dès que je fus autorisé à suivre deux cours à l'Université, j'achetai une moto, ce qui m'évitait l'offre d'être raccompagné par l'un ou par l'autre.

Les articles de l'étudiant étaient tout simplement remarquables. J'aurais même pu en être jaloux, car moi, je ne suis pas un écrivain. Mais je vis tout de suite quelle précieuse influence auraient ces articles si excellemment tournés. Nous allions vers une collaboration idéale ; moi, je fournissais les idées, présentées froidement dans toute leur rigueur, et l'étudiant choisissait les plus remarquables ou du moins celles qui lui inspiraient des articles astucieux. Sentir mes idées germer pour épanouir des fleurs littéraires excitait mon génie car, dans ce tandem, le génie c'était moi, l'étudiant n'était que le talent.

Je trouvai facilement une revue qui, moyennant finances, accepta de publier régulièrement les articles inspirés par moi. Je les fis passer dans tous les pays non encore en guerre, afin qu'ils fussent traduits et répandus. Mais je dois avouer qu'ils n'eurent de véritable succès qu'après la guerre.

Ayant bien plus confiance dans l'étudiant que dans le professeur imposé par mes chefs, je pris une deuxième boîte postale dont je lui donnai la clef. Comme en plus, il était convenablement payé, il me prit pour un dieu et se serait fait tuer pour moi.

Comme les cheveux noirs ne répondaient pas, je lui envoyai régulièrement les articles de l'étudiant en précisant, dans une petite lettre affectueuse, qu'ils étaient le reflet de ma pensée.

Les cheveux noirs furent sensibles au talent de l'étudiant et m'écrivirent pour me dire que ces articles étaient beaucoup plus sympathiques que mon travail si brutal. Je ris sous cape, les articles ne disaient absolument rien d'autre que ce que j'avais si brutalement (!) énoncé. Cela me confirma dans l'idée que le talent littéraire permet de faire avaler des projets tout neufs comme s'ils étaient enrobés de chocolat.

Pendant toutes ces longues semaines, les cheveux noirs ne m'invitèrent pas à revenir dans l'atelier. Je rageais, quand un jour je croisai celle que je considérais comme étant mienne, dans les couloirs de l'Université. Elle avait décidé de suivre des cours d'art ancien. Elle s'arrêta pour me dire qu'elle préparait une réponse à mon projet de nouveau catéchisme, en espérant pouvoir en discuter tout gentiment avec moi. Discuter, discuter Je n'avais pas l'habitude de rencontrer le moindre obstacle sur les chemins où je lançais mes idées… Mais je lui répondis que le plaisir de la revoir me tenait trop fortement pour que je n'accepte pas son désir de discussion. Cependant, je me promis de lui dire qu'une femme vraiment amoureuse adopte, sans même s'en rendre compte, toutes les opinions de l'homme que son cœur a choisi.

Ce jour-là, je lui dis seulement que je travaillais au sacrement d'Eucharistie, afin de compléter le nouveau Catéchisme que je lui avais envoyé. Elle eut un soupir, puis des larmes dans les yeux, enfin se sauva sans rien me répondre.

Je voulus inscrire, en tête de ce travail si passionnant, la véritable définition de l'Eucharistie, je veux dire celle qui est tenue pour seule véritable par les catholiques (bien entendu, les protestants en ont plusieurs autres). À la question qu'est-ce que l'Eucharistie ? tout enfant catholique doit donc répondre.

> « L'Eucharistie est un sacrement qui contient réellement et substantiellement le Corps, le Sang, l'Âme et la Divinité de Jésus-Christ, sous les apparences du pain et du vin. »

Rien que cela !!! Alors, là, il s'agit de travailler sérieusement. Non pas que cette croyance ne puisse être combattue, mais il faut être prudent et ne pas attaquer de front.

Cette soi-disant « présence réelle du Christ sous les apparences du pain et du vin » doit être attaquée par des moyens détournés. Si on l'attaque de face, ils se révolteront. Rien ne serait plus dangereux, car il est bien connu que la persécution exalte la foi. Il faut donc passer sous silence l'expression « présence réelle » et mettre en lumière tout ce qui peut détruire ou affadir cette conviction.

Il est donc de première nécessité de réformer complètement les paroles de la Messe et même il sera bon de supprimer l'usage du mot lui-même et de le remplacer soit par celui de « Cène » ou celui d'« Eucharistie » (par exemple).

La rénovation de la messe doit minimiser l'importance de ce qu'ils appellent la consécration et doit donner à la communion une apparence beaucoup plus banale.

Il y a là un travail de longue haleine qui ne doit négliger aucun détail. Ainsi, pour commencer, il faut remarquer que le prêtre sacrificateur tourne le dos au public et semble parler directement à un Dieu invisible, un Dieu cependant représenté par le grand crucifix qu'il a en face de lui.

Ce prêtre est donc à la fois le choisi de Dieu et le représentant de la foule qui le regarde. Il donne une impression de puissance, mais aussi de séparation. Il sera bon de faire sentir que les paroissiens se sentent un peu perdus, un peu isolés, un peu abandonnés et qu'ils seraient tout heureux si le prêtre voulait bien se rapprocher d'eux. Quand cette idée aura fait son chemin, nous offrirons la possibilité d'abandonner l'autel surélevé et de le remplacer par une petite table absolument nue où le prêtre se tiendra face au peuple. En plus, la partie du culte qui concerne proprement l'Eucharistie et qui nécessite donc cette table, sera écourtée au maximum et la partie enseignement de la Parole de Dieu sensiblement allongée. Il est bien connu que les catholiques sont d'une ignorance révoltante en ce qui concerne la Bible ; aussi cette modification de la conduite de la Messe leur paraîtra-t-elle légitime. Je ne dis pas qu'ils seront heureux d'entendre de longs extraits de la Bible, car bien souvent ils n'y comprendront rien, mais il n'est pas nécessaire qu'ils comprennent, du moins tant que des prêtres vraiment socialistes n'auront pas été formés.

Chaque texte composant l'Ordinaire de la Messe sera soigneusement comparé avec les textes en usage chez les Anglicans et les Luthériens, afin de promouvoir soit un texte unique, soit de préférence des variantes susceptibles d'être reçues par ces trois religions.

Qui ne voit l'immense avantage qu'il y a dans ce procédé qui donnera aux mêmes mots des significations très opposées ? L'unité des esprits se fera ainsi dans l'ambiguïté, car elle ne peut de toute façon se faire autrement. Il n'y a pas d'autre alternative : conversion ou ambiguïté. Je choisis ce biais qui me permet d'atteindre la « présence réelle. » Quand les catholiques verront des protestants venir communier à leurs messes, sans s'être convertis, ils n'auront plus la moindre confiance dans leur antique « présence réelle. » On leur expliquera que cette Présence n'existe qu'autant qu'elle est crue. Ainsi ils se sentiront les créateurs de toute leur religion et les plus intelligents sauront en tirer les conséquences qui s'imposent.

Pour atténuer encore la notion de « présence réelle » du Christ, il faudra renoncer à tout décorum. Plus de riches vêtements brodés, plus de musique dite sacrée, notamment plus de chant grégorien, mais une musique à inventer dans le style du jazz ; plus de signes de croix, ni de génuflexions, des attitudes dignes et sévères. En plus, il faudra que les fidèles se déshabituent de se mettre à genoux et cela sera même absolument défendu pour la Communion. Rapidement, il faudra donner l'hostie dans la main, afin que toute notion de sacré soit effacée. Il ne sera pas mauvais de permettre à certains (à désigner d'avance) de communier sous les deux espèces, comme les prêtres… car ceux qui ne recevront pas le vin seront terriblement jaloux et donc tentés de tout envoyer promener (ce qu'il faut espérer).

En plus, il sera fortement recommandé de ne plus dire la Messe en semaine, le monde moderne n'ayant pas de temps à perdre.

Une autre excellente méthode sera la Messe dite à domicile, en famille, juste avant ou après le repas pris en commun. À cet effet, les pères et mères de famille pourront recevoir le sacrement d'Ordre. Qui ne voit l'avantage de cette méthode qui supprime la nécessité de lieux du culte si onéreux.

Afin de désacraliser le culte, le prêtre sera invité à dire toute la Messe en langue vulgaire et surtout à réciter les paroles de la consécration comme un récit, ce qu'elles sont en réalité. Il ne devra surtout pas prononcer les mots : « Ceci est mon Corps, ceci est mon Sang » comme s'il prenait réellement la place du Christ qui les prononça. Que chacun sente bien qu'il s'agit là d'un récit.

À plus forte raison, il ne sera jamais question de Sacrifice, c'est-à-dire de la Messe Sacrifice non sanglant, renouvelé de la Croix. Aucun protestant n'accepte cette formule.

Que la Messe soit uniquement un repas communautaire pour le plus grand bien de la fraternité humaine.

Du reste, quand l'Église universelle sera établie, la Messe n'aura plus de raison d'être que dans les familles, je veux dire chez les plus exaltés. Il faut compter avec cette catégorie de gens. Mais, justement, en restant chez eux, ils seront inoffensifs.

Les prières de l'Ordinaire de la Messe seront donc simplifiées au maximum et rapidement sera donnée l'autorisation de ne dire que trois prières, soit : l'offertoire, la consécration et la communion.

Quand nous aurons réussi à présenter différents textes simplifiés et humanisés, il sera bon de remettre en mémoire, pour l'édification des générations futures, ce que furent certaines prières de la Messe dite de saint Pie V qui contribuèrent à maintenir les foules dans un obscurantisme médiéval.

Ainsi l'offertoire est un modèle du genre ; il dit :

« Recevez, ô Père Saint, Dieu éternel et Tout-Puissant, cette Hostie sans tache que je vous offre, moi, votre indigne serviteur, à vous qui êtes mon Dieu vivant et vrai, pour mes innombrables péchés, offenses et négligences ; pour tous les assistants et pour tous les chrétiens vivants et morts, afin qu'elle profite à mon salut et au leur pour la vie éternelle. »

Qui dit mieux ?

Je propose que tous les monastères travaillent à la fabrication de plusieurs offertoires, ainsi que des autres prières de la Messe. Et, puisqu'il s'agit d'offrir du pain, il me paraîtrait judicieux de dire tout simplement :

« Nous apportons ici ce pain, fabriqué de main d'homme et qui doit servir à la nourriture des hommes. »

De toute façon, les mots qui tendent à présenter cette cérémonie comme sacrée doivent être supprimés. Je ne donnerai qu'un exemple : **Dans l'ancienne Messe, on a toujours dit :**

« Jésus prit du pain dans Ses mains saintes et vénérables »…

Le mot « saintes » devant disparaître de notre vocabulaire, on ne parlera pas des mains saintes et vénérables, on dira : « prit du pain, le bénit », etc.

Cela est un bon exemple de l'esprit dans lequel ce travail doit se poursuivre. Pour ma part, je n'ai pas le temps pour le moment, mais je donnerai aussi une ou plusieurs messes de mon cru. Cependant, c'est surtout un travail de moine.

Bien entendu, quand la Messe ne comportera plus que trois prières obligatoires, il sera toujours permis d'y ajouter : psaumes, cantiques, lectures et sermons… cela au goût de chacun.

Comme cette Messe ne gardera plus que sa fonction de repas, il serait très important que la table fût assez grande pour accueillir douze personnes. J'ai toujours trouvé ridicule ces gens qui, pour manger, sont obligés de se déranger et de se bousculer (car il ne faut pas nier qu'à la table de communion, c'est la bousculade). C'est de leur faute, pourquoi appellent-ils « table » une simple barrière ?... Donc, je verrais chaque église remplie de tables destinées à douze personnes. Certains pensent qu'à la Cène ils étaient treize, mais comme tout le monde a peur de ce chiffre, nous adopterons la formule qui veut que Judas fût parti avant la fraction du pain.

Cela marque la nécessité de fabriquer un beaucoup plus grand nombre de prêtres. C'est facile. Il suffira d'exiger une certaine bonne volonté, une certaine bonne conduite et pas d'études interminables ; ni de célibat, bien entendu. Cependant, ceux qui voudront bénéficier de la force qu'apporte la continence seront moines ou ermites et ceux qui voudront étudier seront théologiens. Il y aura donc plusieurs espèces de prêtres. Le plus courant sera l'homme marié qui dira la messe chez lui à chaque repas.

Comme la Messe ne sera plus que la Cène, elle ne sera plus un acte d'adoration, mais un acte de fraternisation. Elle ne remerciera plus pour des bienfaits illusoires, elle n'offrira plus un pardon qu'elle est bien incapable de donner, elle ne demandera rien au mystère de l'inconnu, mais tout à l'homme.

L'Église universelle seras donc enfin entièrement à la gloire de l'homme, elle exalterait sa grandeur, sa force, sa virilité. Elle encenserait ses droits et chanterait ses victoires.

Chapitre XV

Où les cheveux noirs écrivent une lettre digne d'un obscurantisme à la fois médiéval et romantique

Quand j'eus terminé mes travaux sur ce premier catéchisme, je reçus une longue lettre des cheveux noirs. Une lettre stupéfiante, elle disait ceci :

Darling,

Je vous remercie de la confiance que vous me témoignez et qui m'incite à vous ouvrir mon cœur tout grand. Que dit-il ce cœur ?… qu'il vous aime… et vous le savez… vous ne le savez que trop.

Il me semble que votre cœur désire me voir partager toutes vos idées, mais moi je n'ai pas cette prétention, je veux seulement vous crier : casse-cou. Lisez, lisez, je vous prie, ne vous fâchez pas avant d'avoir tout lu, avant d'avoir médité… Bien sûr, vous pensez avoir raison aussi fortement que moi, mais je vous dis : relisez l'Histoire, l'Église est immortelle, vous perdez votre temps, vous perdez vos forces. On ne lutte pas contre Dieu.

Si vous vouliez seulement méditer ceci : ce n'est pas parce que vous ne croyez pas en Dieu qu'Il n'existe pas. Cela devrait vous être facile, car vous le pensez bien en sens contraire. Vous vous imaginez que Dieu ne peut pas exister du simple fait que je crois en Lui. Il est vrai que croire ou ne pas croire n'a en définitive aucune puissance. Mais, mon chéri, tout ce qui vit autour de vous vous crie la présence de Dieu.

Avez-vous fabriqué la graine, avez-vous fabriqué les lois ? Existe-t-il un seul brin d'herbe qui soit votre œuvre et donc votre propriété ? Votre personne même ne vous appartient pas… vous n'avez pas demandé à vivre et ne possédez rien que vous n'ayez reçu.

Même si vous réussissiez à créer cette bizarre Église sans Dieu, vous n'auriez pas gagné, car Dieu ne serait pas diminué. En aucune façon, vous ne pouvez Le diminuer, ni bien entendu Le tuer. Je pleure de vous voir engagé dans cette guerre puérile. Ce Dieu que vous voulez effacer est partout, Maître de tout. Par Lui seul, vous vivez ; par Lui seul, vous continuez de vivre.

Vous arriverez peut-être à ébranler Son Église, cela s'est vu plusieurs fois depuis 2000 ans… mais **toujours elle s'est relevée plus belle et plus forte**. L'Église de Jésus-Christ, Darling, a les promesses de la Vie éternelle, elle sait et vous le crie par ma bouche que la Trinité Sainte ne l'abandonnera jamais et que toutes les attaques qu'elle pourra subir ne sont que des épreuves qui doivent permettre de purifier la foi. Beaucoup d'âmes, mon chéri, céderont peut-être à la tentation d'entrer dans une Église toute humaine et qui brassera toutes les croyances jusqu'à les rendre méconnaissables, mais l'Église catholique restera debout. Si vous la persécutez, elle se cachera, mais son âme restera toujours debout.

Car la marque de cette Église est la soumission à une Révélation venue du Ciel. Son domaine particulier est différent de celui auquel vous avez été accoutumé. Son domaine est surnaturel et saint, peu lui importe que nous soyons intelligents ou pas. Vous, mon pauvre chéri, vous êtes trop intelligent.

En plus, vous avez subi un choc dans votre enfance, je ne vous demande pas lequel. N'avez-vous pas atteint l'âge où vous pouvez regarder le passé d'une âme sereine ? Il me semble qu'inconsciemment vous cherchez à vous venger. Est-ce une attitude noble ? ...

Vous avez été un jeune garçon très pieux jusqu'à quatorze ans, m'avez-vous dit, alors, tout ce que ma lettre vous demande de méditer, vous le connaissez. Si encore vous étiez né dans l'athéisme, je comprendrais que vous ne puissiez pas saisir que le domaine de la foi est d'une autre essence… Je crains que votre haine de Dieu et de Son Église ne soit la preuve que vous n'êtes pas un révolté tout court, mais un révolté croyant. On dit que ce sont les plus acharnés.

Mais je vous plains de tout mon cœur, car **vous avez perdu d'avance** et je n'ai pas peur, pas peur du tout. Vous pourriez peut-être gagner un certain nombre d'âmes à vos doctrines perverses, peut-être même une partie du clergé (encore que je ne puisse y croire) mais jamais vous ne gagnerez toutes les âmes, bien au contraire, vous fortifierez les saints. Mais oui, mon pauvre ami très cher, en attaquant l'Église de Dieu, vous n'êtes qu'un jouet dans les mains du Tout-Puissant.. Vous vous croyez fort, vous ne l'êtes que dans la mesure où Dieu le permet. **Craignez le jour où le Seigneur dira : « Cela suffit, j'ai entendu les prières de ceux qui souffrent et j'ai décidé de les réconforter en détruisant mes ennemis »**… L'ennemi de Dieu risque de l'être pour toute l'éternité, à son grand désespoir, mais il sera trop tard.

Vous agissez comme si la Sainte Église n'avait pas plus de force qu'une institution humaine, mais nous, nous tenons dans nos mains de quoi renverser toutes les montagnes de l'univers. Même en nous tuant, vous ne détruirez pas les forces qui sont notre apanage.

Quand vous êtes près de moi, quand vous êtes loin de moi, le Christ est entre nous deux, je Lui parle, Il vous regarde, oh comme Il vous regarde ! Comment pourrait-il en être autrement, je Lui parle de vous jusque dans mes rêves.

Vous vous croyez libre, vous vous croyez fort. Quelle erreur est la vôtre ! Même si je devais mourir aujourd'hui, soyez bien certain que je continuerais à lutter contre votre liberté, du moins contre l'usage que vous en faites... et j'opposerais à la force que vous pensez représenter la force même de Dieu.

Ne souriez pas, mon grand chéri, non, ne souriez pas, rappelez-vous plutôt votre enfance... vous verrez que vous la connaissez très bien, cette force invisible mais combien redoutable...et aussi combien aimable...

Mon cœur et mon âme sont les détenteurs de forces inépuisables et indestructibles, pensez-y calmement, éloignez de votre esprit tout ce que la passion qui vous habite peut vous dicter...ne soyez pas volontairement sourd ni volontairement aveugle, ce n'est pas une attitude digne d'un homme de cœur... mais voilà, vous avez tourné votre cœur vers un amour qui est fondé sur la haine, la haine de Dieu.

Ne savez-vous pas que la haine n'est bien souvent que le cri d'un amour déçu ?

Pour moi, je suis certaine que Dieu vous aime d'un amour particulier et qu'Il vous attend avec Sa coutumière patience.

Et puisque, pour le moment, vous ne voulez pas prier ce Dieu de bonté, je prends votre place et c'est en votre nom que, mille fois par jour, j'offre au Seigneur Tout-Puissant les mérites de Son Fils, ceux de la Très Sainte Vierge Marie, de tous les Saints connus et inconnus… J'offre avec joie et confiance tout le long du jour et même pendant mon sommeil…

Vous voulez transformer la Messe, la réduire à un repas communautaire… Quelle dérision ! Des messes, mais nous en avons offert déjà quelques milliards depuis la première du Jeudi Saint ; des messes, mais il en monte en encens d'adoration au moins une toutes les secondes, si bien que tout le long de la journée, je m'unis à ces adorables sacrifices où le Fils s'offre à nouveau pour le salut du monde… Je m'unis et m'offre à Lui, moi qui suis toute petite… il semble que cette offre soit dérisoire, tellement je ne suis « rien » à côté de Lui. Bien sûr, je ne suis rien… chacun d'entre nous le sait bien, et ceux qui ne le savent pas sont bien à plaindre… C'est là, je crois, la grande différence entre croyants et incroyants. Les croyants offrent ce qu'ils ont reçu et qui est immense, les autres désirent seulement régner, ou commander ou découvrir, ou dominer…

Ou même détruire...

Quand je m'offre avec Lui au Saint Sacrifice de la Messe, j'offre ainsi tout ce qu'Il m'a donné, je Lui fais cadeau de Ses propres dons et charités en hommage de joyeuse reconnaissance... Si vous saviez tous les échanges amoureux qui se font entre le Ciel et nous... vous seriez écrasé de frayeur car vous pourriez mesurer la dérision de vos actions. Je ne puis que pleurer et ces larmes même je les offre comme des perles précieuses...

Vous avez souffert et vous vous êtes révolté. Si vous aviez regardé un crucifix et si vous aviez supplié humblement le Seigneur de vous accorder Sa Paix et la force de pardonner, vous auriez éprouvé une telle douceur que spontanément, vous auriez remercié pour la douleur qui vous fut gracieusement accordée. Car cette douleur était un cadeau bienfaisant, Dieu vous traitait comme Sa vigne chérie et vous taillait afin que vous donniez du fruit (n'est-il pas certain que la vigne ne se taille jamais elle-même ?...)

Mais quels fruits va donner l'œuvre que vous avez entreprise ?... des fruits d'amertume, de solitude et de désespoir...

Croyez-vous que je sois seule à lutter contre vous ? non, mais mes prières sont écoutées et transmises par l'immense cortège de ceux qui ont atteint le paradis. Ne souriez pas, car l'immortalité de l'âme est la seule chose qu'en vous, vous ne pourrez jamais détruire. L'immortalité de l'âme… pesez bien ces mots, car ils veulent très précisément dire que la mort n'existe pas. Il faudrait que chaque maison eût ces mots gravés en lettres dorées sur les murs de la salle commune. Au lieu de craindre la mort, ou simplement d'en détester l'idée, il faudrait savoir qu'elle n'existe pas et que cela est infiniment plus grave.

Darling, je préférerais que vous ne m'aimiez jamais sur cette terre, plutôt que de vous savoir pour toute l'éternité en ce lieu où les larmes ne tarissent jamais…

Car, moi, je vous aime.

Chapitre XVI

Où le sacrifice d'une douce amie paraît être noyé dans un torrent qui s'apprête à renouveler la face de l'Église

Je ne répondis à la lettre insensée des cheveux noirs que par une recrudescence de zèle anti-apostolique.

À cette époque, où nous approchions de la fin de cette stupide guerre, je préparai un grand nombre d'attaques pour lesquelles j'envisageais une victoire complète en trente ans maximum. Et je rêvais à l'année 1974 où je pensais pouvoir fêter la naissance de cette Église Universelle et sans Dieu.

Ma haine pour le surnaturel me donnait non seulement du génie, mais des forces presque incroyables pour mon double travail. Car il ne faut pas oublier que j'étudiais la théologie et qu'il était très important que j'eusse d'excellentes notes. En fait, j'étais le meilleur en tout, ce qui me faisait rire et me renforçait dans ma conviction qu'un Dieu qui ne se donne pas la peine de défendre Ses vrais fidèles n'existe pas.

Le mot « surnaturel » cache tout ce que l'homme ne comprend pas, sous des voiles mouvants, irradiés de rêveries colorées. Je résolus de détruire ce mauvais théâtre. Je chargeai mes correspondants d'expurger le Nouveau Testament de tout ce qui n'est pas parfaitement naturel et explicable.

C'est un travail fort utile, car le Christ Lui-même croyait à Sa propre divinité, du moins si l'on accepte les propos qu'on Lui prête. Mais comme il est impossible de faire le partage entre ce qu'Il a vraiment dit et ce que les évangélistes ont ajouté, il n'y a qu'à refuser en bloc tout ce qui répugne à la saine raison.

Comme je l'ai déjà dit, l'action la plus virilement marxiste me parut être celle qui attaque le problème de l'enfance et s'empare de ces cerveaux malléables.

Avec la conviction la plus ardente, je lançai des ordres concernant la liberté de chaque individu, liberté qui doit lui être accordée dès qu'il sait marcher et parler. Il est scandaleux, vraiment affreusement scandaleux, que les parents s'arrogent le droit d'obliger les enfants à suivre tous les dimanches la cérémonie de la Messe. Il est non moins scandaleux qu'ils les inscrivent au catéchisme sans leur demander leur avis. Il en découle que ces pauvres petits se croient obligés de communier même quand ils préféreraient aller jouer. Et que dire du baptême qui leur est imposé au berceau !!! C'est là que commence le vrai scandale. Je préconisai une énergique campagne d'information de la jeunesse. Que tous s'y dévouent, à l'église, au catéchisme, à l'école, à la radio, afin que tous les enfants du monde soient informés de leur droit absolu de dire « non » à leurs parents quand ils veulent faire d'eux des petits chrétiens hypocritement obéissants.

Heureux le jour où des milliers d'enfants diront ouvertement et joyeusement :

— « Moi, je ne suis pas chrétien, je ne crois pas en Dieu. Je ne suis pas aussi naïf que mes parents qui sont de vieux bons à rien. »

Cependant, je brûlais du désir de revoir les cheveux noirs et ce vœu fut exaucé sans que j'eusse à supplier humblement. Je reçus un mot charmant d'invitation me disant qu'on avait une requête à me présenter.

Un samedi où le soleil brûlait avec une ardeur toute juvénile, je fonçai comme un bolide jusqu'à l'atelier où les cheveux noirs m'attendaient. Qui pourra jamais comprendre ce que pouvait vouloir dire pour moi ces mots banals « les cheveux noirs m'attendaient »... Ils étaient si forts à moi, ces cheveux-là, que j'aurais voulu pouvoir les couper afin que personne d'autre ne pût les regarder. Les couper ! quelle idée criminelle m'avait donc traversé le cerveau !...

Ils étaient toute douceur et tout amour quand ils me dirent qu'ils avaient une requête à me présenter. Je faillis trembler et il s'agissait tout simplement de dessiner mes mains qui, paraît-il, sont admirables. Vraiment, les femmes ont des idées absurdes, mais charmantes.

Avec une patience que m'envieraient les anges s'ils existaient, je posai donc tout l'après-midi, et ce uniquement pour les mains.

Les dessins couraient les uns après les autres, sur le plancher, et je nageais dans une espèce d'euphorie qui doit s'appeler le bonheur parfait, je suppose... du moins depuis lors je ne me souviens pas d'en avoir connu d'aussi grand.

Je sais qu'on ne me croira pas, mais notre union fut si forte et si parfaite en ces heures-là que je doute que la banale union charnelle puisse nous apporter un bonheur aussi extraordinairement hors du temps.

Quand il y eut assez de dessins, ma douce ennemie m'expliqua que mes mains étaient parlantes et qu'elles étaient certainement destinées à de grandes choses. J'en étais presque confus, car la vérité avait un goût de mort et de meurtre.

C'est ce jour-là qu'elle me permit de défaire ses cheveux pour jouer avec eux. J'essayai des coiffures, je les tressai, je les roulai, puis je les brossai avec un soin extrême, comme si je ne devais jamais les revoir, comme si je les préparais pour un sacrifice douloureux. Pourquoi ai-je eu ce jour-là cette sensation étrange ? Mais toute la journée fut vraiment étrange. Encore aujourd'hui, je ne saurais expliquer d'où venaient ces effluves mystérieux.

Nous nous séparâmes avec une difficulté tragique. « À samedi, à samedi », disions-nous, comme si cet espoir devait être inscrit dans une mémoire prophétique, comme si nous y devions trouver l'unique planche de salut, comme si nous voulions renverser à l'avance tous les obstacles... Renverser les obstacles !!! Et moi qui avais tout simplement oublié que ce samedi-là nous entrions en retraite, nous qui devions recevoir les Ordres dans quelques jours.

Je dus donc écrire une petite lettre aux cheveux noirs en inventant un mensonge plausible. Mais j'aurais voulu pouvoir ajouter en toute simplicité que je me rendrais prochainement à Rome et que j'espérais qu'elle viendrait m'y retrouver. Mais comment oser parler de simplicité quand tout me criait que j'allais entrer dans un esclavage bien pire que celui que je venais de subir pendant ces six ans de séminaire ? À Rome, je serais pris dans l'engrenage de la Ville dite éternelle, je serais pris, mais me consolerais en me rappelant que j'étais en réalité le grain de sable qui doit enrayer la machine, l'enrayer si bien qu'elle ne puisse jamais être réparée.

J'entrai donc en retraite pour me préparer à l'ultime cérémonie qui ferait de moi un prêtre pour l'éternité. Comme je ne crois pas à l'éternité, je ne souffris pas de cette perspective. C'était un mauvais moment à passer, comme chez le dentiste, donc pour une juste cause. L'important est d'avoir la foi et la mienne valait la leur, que dis-je, la mienne surpassait la leur car elle n'était pas infantile, ni pleine de frousse et de terreurs.

Le grand jour arriva, comme disent les journalistes. J'étais calme. Plusieurs s'efforçaient de remplacer ma famille absente. Chacun rivalisait de gentillesse. Une bonne petite bagarre m'aurait été plus salutaire, mais il est difficile de vouloir devenir un être à moitié surnaturel tout en gardant le droit de cogner sur quelques ennemis, même fictifs.

Quand j'entrai dans la chapelle, j'étais parfait de modestie et d'humilité. Ces vertus sont faciles à jouer quand un orgueil secret et plus haut placé en est le soutien.

Je marchais d'un pas glissant, les yeux baissés, quand un cri étouffé, des exclamations et un désordre certain se firent entendre sur ma gauche. Normalement, je n'aurais pas dû regarder. Mais je désobéis à ma conscience (je veux dire à celle qu'on m'avait fabriquée et que je manipulais avec amusement). Je vis des jeunes hommes soulever une jeune fille évanouie. La mantille était tombée et les longs cheveux noirs étaient défaits et traînaient sur le sol de la chapelle. En relevant les yeux pour les détourner de ce spectacle, je croisai le regard acéré du professeur qui me servait de boite aux lettres. Que faisait-il là ? Était lui qui avait amené les cheveux noirs ? Dans ce bref échange de regards, il me sembla lire en cet homme un cruel triomphe. Je me promis de savoir la vérité et de la faire payer très cher à celui qui avait commis cette infamie.

Le reste de la journée se passa donc dans un brouillard douloureux. Chacun put faire des suppositions sur mon compte, mais je n'en avais cure. Je n'avais même plus le désir de paraître honorablement pieux et d'entendre de douces voix prophétiser ma future sainteté.

Heureusement, l'étudiant vint me saluer, il était mon seul ami. Je le mis brièvement au courant et le chargerai d'enquêter Je voulais savoir, je voulais tuer ; je voulais crier, me défendre et la défendre, surtout la défendre, mais il était trop tard, à tout jamais trop tard. Si encore j'avais eu le courage de lui dire tout moi-même, elle aurait peut-être accepté de souffrir en silence et de m'aimer en cachette...

Les jours suivants, je préparai un voyage aux U.S.A. où je voulais visiter les plus importantes sectes protestantes, afin de voir comment les manœuvrer. Jusque-là j'avais, par force, trop négligé le facteur important de la Foi qui est si solidement ancrée dans le monde protestant. Je me devais de bien connaître cet aspect du problème avant d'aller poursuivre mes études à Rome.

Juste avant mon départ, l'étudiant vint en courant m'apprendre la nouvelle qui pouvait me faire le plus souffrir : l'entrée des cheveux noirs au Carmel ! Elle y était pour moi, elle s'y ferait couper la chevelure pour moi, elle prierait toute sa vie pour moi, elle serait derrière des grilles pour moi, elle n'aurait plus jamais aucune petite joie amoureuse... pour moi. Je ne sais pas si je n'aurais pas préféré qu'elle mourût.

En tout cas, je me jurai de faire ouvrir et vider tous les monastères du monde, et plus particulièrement les monastères contemplatifs.

Je lançai une campagne très ardente contre les grilles et je fis même envoyer des supplices au Pape par l'intermédiaire de religieuses très naïves. Je fis observer que les grilles avaient été nécessaires pour garder les jeunes filles mises de force au couvent par leurs parents. C'est pour les empêcher de fuir, et aussi de correspondre, que les grilles étaient doubles et renforcées par des volets de bois plein. Je fis tout pour obtenir que ce vestige d'un emprisonnement soi-disant divin fût aboli. Je mis en avant le sens de l'honneur chez les vierges consacrées afin qu'elles aient le saint désir de rester librement cloîtrées dans des maisons ouvertes à tous les vents. Par la suite, j'allai beaucoup plus loin, en suppliant les religieuses de retourner dans ce monde qui avait si besoin de leur présence. Je les persuadai même qu'elles feraient beaucoup plus de bien en ne paraissant pas ce qu'elles étaient. Il se trouva des écrivains assez subtils pour pondre des bouquins entiers sur ce sujet, avec un luxe de vocabulaire vraiment admirable.

Je luttai aussi avec acharnement pour que cesse la coutume barbare de raser la tête des moniales. Je mis en avant le fait certain que toutes ces têtes rasées rendaient ces pauvres filles ridicules quand elles devaient se rendre en clinique pour une quelconque opération. J'insistai sur les jeunes vocations qui se perdaient bêtement à cause de ces coutumes d'un autre âge.

Je m'attaquai aux costumes antiques et solennels, si lourds en été et si peu efficaces en hiver. Je suggérai que toutes les Règles et

Constitutions fussent révisées soigneusement, de préférence par des hommes. (Les femmes ont une certaine tendance à l'exagération dans la générosité.)

Mais, quand je contemplais l'universalité de mon travail, je butais sur un obstacle silencieux, quoique si petit en face du Cosmos... un modeste et très secret Carmel d'où je ne reçus jamais aucune lettre. Il y avait d'un côté le monde, et de l'autre, cette prison. Moi, je commandais à l'un, mais j'étais quand même prisonnier de l'autre.

Cependant, mon travail n'en souffrit pas, au contraire. Paradoxalement, je rageais presque de constater l'inutilité du sacrifice des cheveux noirs. Un sacrifice si entier et si vain !

Mon travail fonctionnait sur un rythme assez monotone quand des rumeurs concernant l'ouverture possible d'un Concile universel vinrent exciter mon zèle. J'appris que des schémas étaient en voie de préparation par ordre du Pape. Je fis comprendre à mes supérieurs qu'une partie peut-être définitive allait se jouer. Je fus alors nommé au poste le plus élevé. Le monde entier dépendait de moi et mes crédits étaient pratiquement illimités. Je finançai les revues de gauche, ainsi qu'un grand nombre de journalistes, qui firent un excellent travail par la suite.

Tout mon espoir reposait principalement sur des contre-schémas dont j'avais suggéré l'élaboration par le truchement de théologiens très avancés et très audacieux. Je pense que l'ambition les guidait, c'est le plus puissant des moteurs.

Je réussis à me procurer des copies de tous les schémas officiels, je veux dire commandés par le Pape. Ils étaient, pour moi, catastrophiques. Absolument catastrophiques, et je pèse mes mots. Encore, à l'heure actuelle, plusieurs années après la fin du Concile, j'en ai froid dans le dos (expression idiote que j'emploie par paresse). Supposez que ces schémas soient édités, et largement répandus, et tout mon travail serait à reprendre à zéro (ou presque).

Enfin, grâce à mon zèle, et surtout à l'argent que je répandis comme s'il était inépuisable, les schémas modernistes (oh ! très timidement modernistes, dois-je avouer) furent apportés en cachette au Concile et présentés avec audace afin de remplacer les officiels auxquels on reprochait de ne pas avoir été élaborés dans une pleine liberté, la sainte liberté des enfants de Dieu (comme ils disent).

Ce tour de passe-passe remplit toute l'Assemblée d'une telle stupéfaction qu'ils ne s'en sont pas encore remis et ne s'en remettront jamais. Ce qui prouve que l'audace est toujours payante.

N'est-ce pas ce que disait Danton ?

Cependant, je ne suis pas satisfait. Non, ce Concile ne fut pas ce que j'espérais. Il faut attendre Vatican III. Là, ce sera la victoire complète. Mais pour Vatican II, je ne sais pas ce qui s'est passé. On aurait dit qu'un démon invisible venait stopper toutes les tentatives de modernisation juste au moment où elles seraient devenues efficaces. Étrange et rageant !

Heureusement que, depuis lors, on a trouvé l'astuce qui consiste à s'abriter derrière « l'esprit du Concile » pour lancer toutes sortes de nouveautés réjouissantes. Cette expression : « l'esprit du Concile » est devenue pour moi l'atout maître. Je coupe et je surcoupe, ou bien je lance l'atout maître qui ramasse les petits cœurs perdus, les petits trèfles désargentés et les petits piques désarmés.

Mais ce n'est qu'à Vatican III que je pourrai me présenter avec un marteau et des clous, non pas pour clouer Dieu sur Sa Croix, mais bien pour Le clouer dans son cercueil...

FIN

Le cartable ne contenait pas de schémas concernant Vatican III et pourtant il est fort probable que de tels textes existent et sont étudiés, comparés, aggravés...

Quelques rapides annotations, dans un petit carnet, en langue russe que je fis traduire discrètement, me livrèrent encore de brèves indications concernant les projets d'avenir de mon accidenté.

Donc, pour des gens comme Michael, Vatican II ne fut qu'un ballon d'essai dont les livres d'Histoire garderont à peine le souvenir. Mais Vatican III scellera l'alliance du christianisme et du marxisme, et le plus remarquable sera la pluralité des dogmes religieux et l'intransigeance des dogmes sociaux.

Toutes les religions, chrétiennes ou non, formant une vaste Association, seront réduites à leur dénominateur commun : « La Magie » et donneront au subconscient (du moins chez les plus astucieux) une puissance véritable quoique manœuvrée par les Purs (lire : les marxistes)

...

L'étonnant est que personne ne vint jamais réclamer les papiers de Michael, du moins pas jusqu'à ce jour. Mais il avait acheté sa voiture sous un faux nom et probablement négligé d'informer qui que ce soit de son voyage.

Je ne sais pas où sont les cheveux noirs. Mais peut-être sont-ils encore en prière dans un Carmel où la Prieure doit avoir maintenu la Foi des anciens jours.

Peut-être que ce livre-ci pénétrera discrètement un jour dans ce Carmel-là. Que les cheveux noirs sachent que, moi aussi, je prie pour Michael.

Pour plus d'informations

21 janvier 2018
ISBN : 9798885671842

www.ingramcontent.com/pod-product-compliance
Lightning Source LLC
LaVergne TN
LVHW041707060526
838201LV00043B/614